POLICY AND COLLECTION FOR ENVIRONMENTAL PROTECTION TAX

100 Questions and Answers

环境保护税政策和征管百问百答

张艳超◎编著

中国市场出版社
China Market Press
·北京·

图书在版编目（CIP）数据

环境保护税政策和征管百问百答/张艳超编著. —北京：中国市场出版社，2018.4

ISBN 978-7-5092-1638-5

Ⅰ. ①环… Ⅱ. ①张… Ⅲ. ①环境税-税法-中国-问题解答 Ⅳ. ①D922.229.5

中国版本图书馆 CIP 数据核字（2017）第 292578 号

环境保护税政策和征管百问百答

HUANJING BAOHUSHUI ZHENGCE HE ZHENGUAN BAIWENBAIDA

编　　著　张艳超

责任编辑　钱　伟　辛慧蓉（xhr1224@aliyun.com）

出版发行　中国市场出版社 China Market Press

社　　址　北京西城区月坛北小街 2 号院 3 号楼

电　　话　编 辑 部（010）68033692　读者服务部（010）68022950

　　　　　发 行 部（010）68021338　68033577　68020340

　　　　　总 编 室（010）68020336　盗版举报（010）68020336

经　　销　新华书店

印　　刷　河北鑫兆源印刷有限公司

规　　格　170 mm×240 mm　16 开本

印　　张　19　　　　字　　数　273 000

版　　次　2018 年 4 月第 1 版　　　　印　　次　2018 年 4 月第 1 次印刷

书　　号　ISBN 978-7-5092-1638-5

定　　价　50.00 元

推荐序

在我国，环境保护税是一个新的税种。2018 年 1 月 1 日起，《中华人民共和国环境保护税法》（以下简称《环境保护税法》）正式实施，这是第一部专门体现绿色税制、推进生态文明建设的单行税法。它进一步完善了我国的绿色税制体系，在实际绿色税种建设上具有开创性和示范性意义。

党的十九大提出，我国社会主要矛盾已经由人民日益增长的物质文化需要同落后的社会生产之间的矛盾，转化为人民日益增长的美好生活需要和不平衡不充分的发展之间的矛盾。人民美好生活需要日益广泛，不仅对物质文化生活提出了更高要求，而且在民主、法治、公平、正义、安全、环境等方面的要求日益增长。党的十八大把生态文明建设纳入“五位一体”总体布局，提出了“建设美丽中国”的目标，绿水青山就是金山银山、实行最严格的生态环境保护制度等生态文明理念成为全社会的共识。因此，开征环境保护税以加强税收对生态环境保护的调控既有必要性，也具有紧迫性。

我国的环境保护税立法可以说是“十年磨一剑”，在 2016 年 12 月 25 日审议通过。《环境保护税法》既基于原排污收费制度，又吸收了最新的国际经验，并在征管对象、征收范围、征收程序、部门协作等方面进行了优化和创新。例如，排污费改为环境保护税后，需要由纳税人自行申报；在征管上，增加了复核程序，需要税务机关和环保部门加强部门协作。

环境保护税与税务机关管理的其他税种不同，其计算不是基于企业的财务会计核算制度，而是依据纳税人的应税污染物排放量。同时，由于污染物排放具有流动性、瞬时性等特点，这是对税法所要求的确定性的挑战，因此，环境保护税的管理具有双重难度，对税务机关的征管能力提出了更高的要求。

虽然《环境保护税法》只有 28 条，但涉及的专业术语很多，需要正确理解和掌握。对纳税人而言，需要企业的财务人员懂政策、能计算、会申报；对基层税务干部来讲，需要提高服务纳税人的能力；对环保部门来讲，需要按照税法要求，履行环保监测管理职责和部门协作要求；对全社会而言，高度关注《环境保护税法》的执行效果。因此，充分了解和把握《环境保护税法》的相关规定，有助于《环境保护税法》的顺利实施。

我一直跟踪研究环境保护税制，与本书作者有很多的交流和探讨。作者全程参与了环境保护税立法工作，以通俗易懂的问答形式，将所思所想呈现给大家。本书对环境保护税政策和征管的主要问题进行了较为全面、深刻的解答，在理论、背景、政策、征管等方面形成了较为严密的体系，是纳税人、基层税务干部以及关心环境保护的各界人士，了解环境保护税和环境保护制度的一把“钥匙”。

中国财政部科学研究院研究员　硕士生导师

许　文

序　言

2016年12月25日，十二届全国人大常委会第二十五次会议审议通过《环境保护税法》，同日，国家主席习近平签署第61号主席令予以公布，自2018年1月1日起正式实施。2017年12月25日，国务院总理李克强签署第693号国务院令，公布《中华人民共和国环境保护税法实施条例》，自2018年1月1日起与《环境保护税法》同步施行。

党的十八届四中全会提出，“用严格的法律制度保护生态环境，加快建立有效约束开发行为和促进绿色发展、循环发展、低碳发展的生态文明法律制度，强化生产者环境保护的法律责任”，《环境保护税法》正是落实这一中央要求的重要举措之一。

在《环境保护税法》实施之际，为便于企业和财政、税务、环保等部门工作人员理解《环境保护税法》及其实施条例和有关政策，推动《环境保护税法》落地，作为参与《环境保护税法》起草工作的一员，笔者在工作之余编撰了本书。本书分综合类知识、政策类知识、环保管理类知识、征收管理类知识、纳税申报表的填写、综合案例分析与填报等六个部分，以问答的形式呈现给大家，特别注重体现指导性和可操作性。

特别是在纳税申报部分，笔者根据最新政策（截至2018年2月底），通过实例来讲解相关报表的填报，有助于读者进一步理解和把握税收政策及表间逻辑关系。

由于时间仓促，加之专业水平有限，本书所覆盖的内容还不全面，不足之处在所难免，权作抛砖引玉，恳请专家学者和广大读者批评指正，并提出宝贵意见。

张艳超

目　录

第一部分　综合类知识

第二部分　环境保护税政策

第三部分 环境保护税与环境保护管理政策的衔接

第四部分 环境保护税征收管理知识

第五部分　纳税申报表的填写

第六部分　综合案例分析与填报

附　录

POLICY AND COLLECTION FOR ENVIRONMENTAL PROTECTION TAX: 100 QUESTIONS AND ANSWERS

第一部分

综合类知识

问题 1　《中华人民共和国环境保护税法》的立法目的是什么？

答：《中华人民共和国环境保护税法》（以下简称《环境保护税法》）第一条，开宗明义地阐述了环境保护税法的立法目的，即“为了保护和改善环境，减少污染物排放，推进生态文明建设，制定本法”。设立环境保护税这个新的税种，其目的不在于筹集财政收入，而是与严格的环保管理相衔接，以税法的刚性确保绿色发展理念的贯彻实施。从排污收费规模看，2016 年排污收费规模为 200.9 亿元，费改税后，环境保护税占税收总规模的比重很小。因此，开征环境保护税的环保意义远大于财政意义，社会意义远大于经济意义。

问题 2　目前我国主要污染物减排状况如何？“十三五”期间在环境保护方面的基本思路和具体要求是什么？

答：2016 年《中华人民共和国国民经济和社会发展第十三个五年规划纲要》的统计数据显示，“十二五”期间我国四项主要污染物——化学需氧量（COD）、氨氮、二氧化硫、氮氧化物的累计排放量，分别下降了 12.9%、13%、18%、18.6%，提前半年全面完成了“十二五”规划目标。

环境保护部制定的《国家环境保护“十三五”规划基本思路》提出：到 2020 年，主要污染物排放总量显著减少，空气和水环境质量总体改善，土壤环境恶化趋势得到遏制，生态系统稳定性增强，辐射环境质量继续保持良好，环境风险得到有效管控，生态文明制度体系系统完善，生态文明水平与全面小康社会相适应。

具体要求包括：一是实施工业污染源全面达标排放计划。完善污染物排放标准体系，加强工业污染源监督性检测，公布未达标企业名单，实施限期整改。城市建成区内污染严重企业实施有序搬迁或依法关闭。开展全国第二次污染源普查。二是改革主要污染物总量控制制度，扩大污染物总量控制范围。在重点区域、重点行业推进挥发性有机物（VOC）排放总量控制，全国排放总量下降10%以上。三是实施重点行业清洁生产改造。对中小型燃煤设施、城中村和城乡结合区域等实施清洁能源替代工程。沿海和汇入富营养化湖库的河流沿线所有地级以上城市实施总氮排放总量控制。

问题3　党的十九大报告中关于环境保护的内容有哪些？

答：具体内容包括：

(1) 社会主要矛盾发生变化。党的十九大报告指出，中国特色社会主义进入新时代，我国社会主要矛盾已经转化为人民日益增长的美好生活需要和不平衡不充分的发展之间的矛盾。我国稳定解决了十几亿人的温饱问题，总体上实现小康，不久将全面建成小康社会，人民对美好生活的需要日益广泛，不仅对物质文化生活提出了更高要求，而且在民主、法治、公平、正义、安全、环境等方面的要求日益增长。同时，我国社会生产力水平总体上显著提高，社会生产能力在很多方面进入世界前列，更加突出的问题是发展不平衡、不充分，这已经成为满足人民日益增长的美好生活需要的主要制约因素。

(2) 新时代中国特色社会主义思想和基本方略中关于环境保护的表述。党的十九大报告提出，坚持人与自然和谐共生。建设生态文明是中华民族永续发展的千年大计。必须树立和践行“绿水青山就是金山银山”的理念，坚持节约资源和保护环境的基本国策，像对待生命一样对待生态环境，统筹山水林田湖草系统治理，实行最严格的生态环境保护制度，形成绿色发展方式和生活方式，坚定走生产发展、生活富裕、生态良好的文明发展道路，建设美丽中国，为人民创造良好生产生活环境，为全球生态安全做出贡献。

(3) 加快生态文明体制改革，建设美丽中国。党的十九大报告第九部分提出，人与自然是生命共同体，人类必须尊重自然、顺应自然、保护自然。人类只有遵循自然规律才能有效防止在开发利用自然上走弯路，人类对大自然的伤害最终会伤及人类自身，这是无法抗拒的规律。

报告第九部分“加快生态文明体制改革 建设美丽中国”提出，我们要建设的现代化是人与自然和谐共生的现代化，既要创造更多物质财富和精神财富以满足人民日益增长的美好生活需要，也要提供更多优质生态产品以满足人民日益增长的优美生态环境需要。必须坚持节约优先、保护优先、自然恢复为主的方针，形成节约资源和保护环境的空间格局、产业结构、生产方式、生活方式，还自然以宁静、和谐、美丽。

一是推进绿色发展。加快建立绿色生产和消费的法律制度和政策导向，建立健全绿色低碳循环发展的经济体系。构建市场导向的绿色技术创新体系，发展绿色金融，壮大节能环保产业、清洁生产产业、清洁能源产业。推进能源生产和消费革命，构建清洁低碳、安全高效的能源体系。推进资源全面节约和循环利用，实施国家节水行动，降低能耗、物耗，实现生产系统和生活系统循环链接。倡导简约适度、绿色低碳的生活方式，反对奢侈浪费和不合理消费，开展创建节约型机关、绿色家庭、绿色学校、绿色社区和绿色出行等行动。

二是着力解决突出环境问题。坚持全民共治、源头防治，持续实施大气污染防治行动，打赢蓝天保卫战。加快水污染防治，实施流域环境和近岸海域综合治理。强化土壤污染管控和修复，加强农业面源污染防治，开展农村人居环境整治行动。加强固体废弃物和垃圾处置。提高污染排放标准，强化排污者责任，健全环保信用评价、信息强制性披露、严惩重罚等制度。构建政府为主导、企业为主体、社会组织和公众共同参与的环境治理体系。积极参与全球环境治理，落实减排承诺。

三是加大生态系统保护力度。实施重要生态系统保护和修复重大工程，优化生态安全屏障体系，构建生态廊道和生物多样性保护网络，提升生态系统质量和稳定性。完成生态保护红线、永久基本农田、城镇开发边界三条控制线划定工作。开展国土绿化行动，推进荒漠化、石漠化、水土流失综合治理，强化湿地保护和恢复，加强地质灾害防治。完善天然林保护制度，扩大退耕还林还草。严格保护耕地，扩大轮作休耕试点，健全耕地草原森林河流湖泊休养生息制度，建立市场化、多元化生态补偿机制。

四是改革生态环境监管体制。加强对生态文明建设的总体设计和组织领导，设立国有自然资源资产管理和自然生态监管机构，完善生态环境管理制度，统一行使全民所有自然资源资产所有者职责，统一行使所有国土空间用途管制和生态保护修复职责，统一行使监管城乡各类污染排放和行政执法职责。构建国土空间开发保护制度，完善主体功能区配套政策，建立以国家公园为主体的自然保护地体系。坚决制止和惩处破坏生态环境行为。

问题 4　环境保护税在立法和制度安排上，是如何助力美丽中国建设的？

答：《环境保护税法》主要通过构建“两个机制”，发挥税收杠杆作用，形成环境保护的长远制度安排，助力美丽中国建设。

一是“多排多缴、少排少缴、不排不缴”的正向减排激励机制，引导企业主动改进工艺，减少污染物的排放。一方面，环境保护税针对污染物的排放量征税，排放越多，缴税越多；另一方面，环保税针对不同危害程度的污染因子设置差别化的污染当量值，实现对高危害污染因子多征税，有利于引导企业改进工艺，减少污染物排放，特别是减少高危污染物的排放。

二是“中央定底线，地方可上浮”的动态税额调整机制。《环境保护税法》以现行大气、水污染物排污费征收标准作为单位税额下限，分别是每污染当量 1.2 元和 1.4 元，授权省、自治区、直辖市人民政府因地制宜，统筹考虑本地区环境承载能力、污染物排放现状和经济社会生态发展目标要求“上浮适用税额”，以满足不同地区的环境治理实际需求。以环境承载能力较低的京津冀地区为例，北京市按照最低税额标准 10 倍的上限确定了本地区适用税额，河北省按照最低税额标准的 8 倍确定了环北京 13 个县的大气和水中主要污染物的适用税额。这体现了根据环境容量等条件，因地制宜发挥税收调节作用的科学税制设计理念。

问题 5　《环境保护税法》走过了怎样的立法进程？

答：环境保护税由排污收费制度改造而来，我国自 20 世纪 70 年代末即开始实施排污收费制度。2003 年，国务院发布《排污费征收使用管理条例》，进一步完善了排污收费制度，这是现行环境保护税制度设计的基础。从国际经验看，在经济发展和环境保护实践中，世界主要国家也纷纷采用财政和税收的经济政策保护和改善环境。在国际国内越来越重视环境保护的背景下，环境保护费改税的构想逐渐诞生。2007 年 10 月，党的十七大报告提出“实行有利于科学发展的财税制度，建立健全资源有偿使用和生态环境补偿机制”，确定将环境保护税作为重点推进的税收改革项目。

2008—2010 年，财政部、国家税务总局和环境保护部着重开展对环境保护税进行研究和调研，就环境保护税相关方案征求部门意见，形成了开征环境保护税的初步方案。2013 年，三部门联合向国务院上报了《中华人民共和国环境保护税法（送审稿)》。

党的十八大以来，环境保护税立法改革进程加快。李克强总理 2014 年、2015 年连续两年在《政府工作报告》中要求做好环境保护税相关立法工作。2015 年 6 月，《中华人民共和国环境保护税法（征求意见稿)》公开向社会公众征求意见。经修改完善后，2015 年 12 月，《中华人民共和国环境保护税法（草案)》上报国务院，2016 年 5 月 4 日国务院常务会议审议通过。

全国人大常委会于 2016 年 9 月 2 日一审、12 月 25 日二审通过《中华人民共和国环境保护税法》，习近平主席签署第 61 号主席令，于 2018 年 1 月 1 日起正式实施。经过一年的准备期，2017 年 12 月 25 日，李克强总理签署第 693 号国务院令，公布《中华人民共和国环境保护税法实施条例》(以下简称《环境保护税法实施条例》)，与《环境保护税法》同步实施。

问题 6　环境保护税税制与排污收费制度相比，有哪些主要政策差异点？

答：(1) 增收的政策。

①固体废物整体纳入环境保护税的征收范围。排污费主要针对危险废物征收，费改税后，固体废物整体纳入征收范围，且在《环境保护税法税法实施条例》中，明确了针对特定固体废物违法行为的征收管理，没有达到环境保护标准的贮存、处置和综合利用不能减除，应当缴纳环境保护税，这是税务机关的管理重点和难点，也是纳税人的税收风险点。

②海洋工程环境保护税征收范围有所扩大。按照《关于印发〈海洋工程排污费征收标准实施办法〉的通知》(国海环字〔2003〕214 号）的规定，海洋工程对水污染物和附体废物征收。费改税后，将海洋工程大气污染物纳入环保税的征收范围，这是增收因素。

③因税率确定权下放，部分地区税率有所增加。环境保护税法以现行大气、水污染物排污费征收标准作为单位税额下限，分别是每污染当量 1.2 元和 1.4 元，授权省、自治区、直辖市人民政府统筹考虑本地区环境承载能力、污染物排放现状和经济社会生态发展目标要求“上浮适用税额”，以满足不同地区的环境治理实际需求。从各省区确定的税率标准看，个别省区税率有所提高。以环境问题较为突出的京津冀地区为例，北京市按照最低税额标准 10 倍的上限确定了本地区适用税额，河北省按照最低税额标准的 8 倍确定了环京 13 县大部分水污染物的适用税额，较原

排污费有所提高。这些都体现了根据环境容量等条件，因地制宜发挥税收调节作用的科学税制设计理念。

（2）减收的政策。

①建筑噪声没有纳入环保税征税范围。由于建筑噪声未纳入环保税征税范围，费改税后将带来较大幅度的减收。

② VOC（挥发性有机物）未列入环保税的征收范围。按照发展改革委、财政部、环境保护部于 2015 年 6 月、10 月先后出台的《关于印发〈挥发性有机物排污收费试点办法〉的通知》（财税〔2015〕71 号）和《关于制定石油化工及包装印刷等试点行业挥发性有机物排污费征收标准等有关问题的通知》（发改价格〔2015〕2185 号），自 2015 年 10 月 1 日起，在石油化工、包装印刷行业开展挥发性有机物排污收费试点工作。费改税后，VOC（挥发性有机物）试点停止，对部分地区的环境保护税收入会有影响。

③删除对超标、超排放总量、落后产能的加倍征收条款。按照《关于执行调整排污费征收标准政策有关具体问题的通知》（环办〔2015〕10 号）的规定，对超标、超排放总量、属于淘汰类的生产工艺装备或者产品产生的污染物排放量，按规定的征收标准加一倍征收排污费。费改税后，该条款失效不再执行，这是环境保护税的重要减收因素。

问题 7　环境保护税与排污费相比，在征收管理上有什么重大改变？

答：《环境保护税法》与排污收费制度相比，不仅仅是名称和形式的改变，遵循税法的原理，同时吸收排污收费制度的合理因素。

一是在申报上突出了纳税人自主申报责任和义务。与其他税种管理一样，纳税人负有自主申报的义务，应当向应税污染物排放地的税务机关申报缴纳环境保护税。而排污收费制度规定上，排污单位首先需要填写排污申报登记表，最终的排放量需要环保部门对填报的污染物种类和数量进行核定。

二是在排放污染物计算方法上突出了计算顺序的法定性。纳税人在填报纳税申报表时确定适用的污染物排放计算方法。《环境保护税法》确定了纳税人申报缴纳环境保护税的四种方法，即自动监测方法、委托监测方法、排污系数和物料衡算方法以及抽样测算方法。而排污收费制度规定上，环保部门会通过排污者生产经营活动中的原材料与产品的物料衡算关系，将连续监控取得数据、监测数据、物料衡算方法计算的数据以及现场督察检查取得的数据结合起来，并与相关部门的数据资料、排污历史数据等进行综合比对分析确定排放量数据。

三是在征管机制上涉及由原来的“排污者—环保”双方转变为“纳税人—税务—环保”三方。

《环境保护税法》确定环境保护税由税务机关征收管理，环境保护主管部门负责污染物监测管理。

征管新机制为“税务征收、企业申报、环保监测、信息共享、协作共治”，其中，税务征收是主体，税务机关承担环境保护税的征管主体责任；企业申报是前提，要确保纳税人“懂政策、能计算、会申报”；环保监测是支撑、信息共享是基础，协作共治是关键。具体流程是“纳税人自行申报→环保与税务涉税信息共享→税务机关将纳税人申报资料与环保监测数据进行比对→发现异常数据交送环保复核→税务机关依据环保部门的复核意见通知纳税人调整应纳税额”。与排污收费制度相比，该征管流程设计突出了纳税人自主如实申报纳税的义务和自行申报主体责任，明晰了税务机关需要承担征收主体责任、环保部门承担污染物监测管理主体责任。

问题 8　环境保护税收入中央和地方如何分成？支出有没有专门的用途规定？

答：原排污费收入实行中央与地方 1∶9 分成。环境保护费改税后，考虑到治理污染、保护环境的职责任务主要由地方承担，为充分调动地方积极性，国务院决定，环境保护税全部作为地方收入。2017 年 12 月 27 日，国务院发布了《关于环境保护税收入归属问题的通知》（国发〔2017〕56 号），明确规定环境保护税全部作为地方收入，促进各地保护和改善环境、增加环境保护投入，中央财政不再分成。

按照《中华人民共和国预算法》的规定，税收收入应纳入一般公共预算管理，统筹用于保障和改善民生、推动经济社会发展、维护国家安全等方面，一般不与支出挂钩。虽然环境保护税不采取专款专用方式，但不会降低污染治理和环境保护的投入力度，原由排污费安排的部门支出纳入同级财政预算，按照“力度不减”的原则予以充分保障。

POLICY AND COLLECTION FOR

ENVIRONMENTAL PROTECTION TAX:

100 QUESTIONS AND ANSWERS

第二部分

环境保护税政策

一、关于纳税人

问题 9　《环境保护税法》关于纳税人有哪些规定?

答：(1) 基本规定。在中华人民共和国领域和中华人民共和国管辖的其他海域，直接向环境排放应税污染物的企业事业单位和其他生产经营者为环境保护税的纳税人，应当依照该法规定缴纳环境保护税（《环境保护税法》第二条）。

(2) 特殊规定。

①其他固体废物纳税人。环境保护税法所附《环境保护税税目税额表》所称其他固体废物的具体范围，依照《环境保护税法》第六条第二款规定的程序确定（《环境保护税法实施条例》第二条），即由各省级人民代表大会常务委员会决定，并报全国人民代表大会常务委员会和国务院备案。

②海洋工程环境保护税纳税人。在中华人民共和国内水、领海、毗连区、专属经济区、大陆架以及管辖的其他海域从事海洋石油、天然气勘探开发生产等作业活动，并向海洋排放应税污染物的企业事业单位和其他生产经营者，为海洋工程环保税的纳税人。(《海洋工程环境保护税申报征收办法》第二条)

目前，海洋工程除海洋石油、天然气勘探开发之外，不包括围填海、海上堤坝工程、海底隧道工程等，这些工程对环境污染损害程度不大，而且目前海洋主管部门未对其污染物排放量进行实际监测管理，因此暂不具备开征条件。

问题 10　对“纳税人”的概念可以从哪几个方面进行具体理解？

答：从法理上看，可以从以下几个方面进行理解：

（1）从空间效力看。中华人民共和国领域是指我国行使国家主权的空间，包括领陆、领水、领空。中华人民共和国管辖的其他海域是指我国法律规定的领海毗连区和领海以外 200 海里的专属海洋经济区。

（2）从排放方式看。环境保护税以直接向环境排放应税污染物作为应税行为。《环境保护税法》第四条和《环境保护税法实施条例》第四条规定了不属于直接向环境排放污染物，不缴纳环境保护税的三种情形，除此之外，其他排放应税污染物的行为应纳入征税范围，依法征收环境保护税。

（3）从身份特征看。2015 年 1 月 1 日起施行的新《中华人民共和国环境保护法》（以下简称《环境保护法》）规定，排污费的缴纳人为排放污染物的企业事业单位和其他生产经营者。排污费的实际缴纳人是具有生产经营行为的企业事业单位和个体工商户，对不具有生产经营行为的行政机关和自然人排放污染物没有征收排污费。为与《环境保护法》相衔接，平稳实施环境保护“费改税”，环境保护税不对行政机关和自然人征收。

需要注意的是，从事生产经营的事业单位有污染物排放行为的，应该按照《环境保护税法》的规定缴纳环境保护税。

问题 11　在环境保护税征收管理过程中，纳税人的判定有哪几个条件？

答：一是“直接”排放。环境保护税纳税人的判定首先要看企事业单位和其他生产经营者是不是直接向外部环境排放应税污染物。如企业事业单位和其他生产经营者向依法设立的污水集中处理、生活垃圾集中处理场所排放应税污染物，缴纳相应处理费用的，属于《环境保护税法》第四条规定的情形，因不直接向环境排放应税污染物，不缴纳相应污染物的环境保护税。

二是具体排污单位的范围。《环境保护税法》的纳税人与《环境保护法》第四十三条的规定相衔接，即“排放污染物的企业事业单位和其他生产经营者，应当按照国家有关规定缴纳排污费……依照法律规定征收环境保护税的，不再征收排污费”。同时，《环境保护税法》关于纳税人的规定也平移了原排污收费制度规定的排污收费对象的范围，因此具体排污单位范围原则上界定为“企业事业单位和其他生产经营者”。

问题 12　《中华人民共和国环境保护税法实施条例（征求意见稿）》中对《环境保护税法》中规定的“其他生产经营者”曾有具体的描述，为何在公布的《中华人民共和国环境保护税法实施条例》中删除了该条款？

答：《环境保护税法》中规定的“其他生产经营者”，在《中华人民共和国环境保护税法实施条例（征求意见稿）》中明确为“个体工商户”。按照《个体工商户条例》第二条的规定，个体工商户是指“有经营能力的公民，依照本条例规定经工商行政管理部门登记，从事工商业活动的为个体工商户。个体工商户可以个人经营，也可以家庭经营”。按照该条例第十七条的规定，个体工商户在领取营业执照后，应当依法办理税务登记。

在排污费征收管理中，个体工商户属于排污费征收的管理范围。因此，综合上述材料，个体工商户如果符合《环境保护税法》第二条的规定，应该属于环境保护税的纳税人。删除《中华人民共和国实施条例（征求意见稿)》中关于其他生产经营者范围正列举的规定，不影响我们对符合条件的个体工商户是环境保护税纳税人的判断。

问题 13　居民个人也产生生活污水和垃圾，需要缴纳环境保护税吗?

答：居民个人不属于税法规定的“企业事业单位和其他生产经营者”，不缴纳环境保护税。

考虑到目前我国大部分市县的生活污水和垃圾已进行集中处理，不直接向环境排放，因此,《环境保护税法》未将排放生活污水和垃圾的居民个人列入征税范围。

二、关于税额

问题 14　环境保护税的税额是如何确定的?

答：按照 2014 年 9 月发展改革委、财政部、环境保护部《关于调整排污费征收标准等有关问题的通知》（发改价格〔2014〕2008 号）要求，2015 年 6 月底前，全国 31 个省、自治区、直辖市价格、财政和环保部门要将废气中的二氧化硫和氮氧化物排污费征收标准调整至不低于每污染当量 12 元，将污水中的化学需氧量、氨氮和五项主要重金属（铅、汞、铬、镉、类金属砷）污染物排污费征收标准调整至不低于每污染当量 1.4 元。即在 2003 年基础上上调 1 倍。同时，各省（自治区、直辖市）价格、财政和环保部门可以结合当地实际情况，在调整主要污染物排污费征收标准的同时，适当调整其他污染物排污费征收标准。鼓励污染重点防治区域及经济发达地区，按高于上述标准调整排污费征收标准，充分发挥价格杠杆作用，促进污染减排和环境保护。

各地实际执行的排污费标准差异较大，大部分省区按国家规定的最低标准执行，部分省、直辖市调整后的收费标准高于国家规定的最低标准，如北京调整后的收费标准是最低标准的 8～9 倍；天津调整后的收费标准是最低标准的 5～7 倍；上海分三步调整至最低标准的 3～6.5 倍；江苏分两步调整至最低标准的 3～4 倍；河北分三步调整至最低标准的 2～5 倍；山东分两步将大气污染物收费标准调整至最低标准的 2.5～5 倍；湖北分两步调整至最低标准的 1～2 倍。

为实现排污费制度向环境保护税的平稳转移，《环境保护税法》以现行大气污染物、水污染物排污费标准作为税额下限。同时，按照税收法定原则，为避免地方裁量权过大，对环境保护税设定了税额上限，最高为最低税额标准的 10 倍，即大气污染物的税额幅度为 1.2～12 元，水污染物的税额幅度为 1.4～14 元。应税大气污染物、水污染物的具体适用税额的确定和调整，由省、自治区、直辖市人民政府统筹考虑本地区环境承载能力、污染物排放现状和经济社会生态发展目标要求，参考排污费征收标准，在规定的税额幅度内提出，报同级人民代表大会常务委员会决定，并报全国人民代表大会常务委员会和国务院备案。

参考排污费征收标准，对固体废物和噪声实行固定税额。其中，固体废物按不同种类，税额标准为每吨 5～1 000 元；噪声按超标分贝数，税额标准为每月 350～11 200 元。详见下表。

全国环境保护税税额统计表

省区	税额（元）	
	大气污染物	水污染物
北京	12	14
天津	10	12
河北	9.6/6/4.8（分地区、分污染物）	11.2/7/5.6（分地区、分污染物）
山西	1.8	2.1
内蒙古	1.2（分步提高标准）	1.4（分步提高标准）
辽宁	1.2	1.4
吉林	1.2	1.4
黑龙江	1.2	1.4
上海	7.6/6.65/1.2（分污染物）	5/4.8/1.4（分污染物）
江苏	8.4/6/4.8（分地区）	8.4/7/5.6（分地区）
浙江	1.8/1.2（分污染物）	1.8/1.4（分污染物）
安徽	1.2	1.4
福建	1.2	1.5/1.4（分污染物）
江西	1.2	1.4
山东	6/1.2	3/1.4
河南	4.8	5.6
湖北	2.4/1.2（分污染物）	2.8/1.4（分污染物）
湖南	2.4	3
广东	1.8	2.8
广西	1.8	2.8
海南	2.4	2.8
重庆	2.4	3
四川	3.9	2.8
贵州	2.4	2.8
云南	1.2	1.4
陕西	1.2	1.4
甘肃	1.2	1.4
青海	1.2	1.4
宁夏	1.2	1.4
新疆	1.2	1.4

续表

省区	税额（元）	
	大气污染物	水污染物
西藏	1.2	1.4

说明：

1. 河北省：执行一档税额标准的区域：与北京市相邻的13个县（市、区），包括涞水县、涿鹿县、怀来县、赤城县、丰宁满族自治县、滦平县、三河市、大厂回族自治县、香河县、廊坊市的广阳区和安次区、固安县、涿州市；雄安新区及相邻的12个县（市、区），包括雄县、安新县、容城县以及永清县、霸州市、文安县、任丘市、高阳县，保定市的竞秀区、莲池区、满城区、清苑区、徐水区，定兴县、高碑店市。税额标准：大气主要污染物为9.6元/当量，水主要污染物为11.2元/当量；大气其他污染物为4.8元/当量，水其他污染物为5.6元/当量。

执行二档税额标准的区域：石家庄市、保定市、廊坊市、定州市、辛集市（不含执行一档税额的区域）。税额标准：大气主要污染物为6元/当量，水主要污染物为7元/当量；大气其他污染物为4.8元/当量，水其他污染物为5.6元/当量。

执行三档税额标准的区域：唐山市、秦皇岛市、沧州市、张家口市、承德市、衡水市、邢台市、邯郸市（不含执行一档、二档税额的区域）。税额标准：大气主要污染物和其他污染物均为4.8元/当量；水主要污染物和其他污染物均为5.6元/当量。

2. 上海市：应税大气污染物适用税额标准：2018年1月1日起，二氧化硫、氮氧化物的税额标准分别为6.65元/污染当量、7.6元/污染当量；其他大气污染物的税额标准为1.2元/污染当量；2019年1月1日起，二氧化硫、氮氧化物的税额标准分别调整为7.6元/污染当量、8.55元/污染当量。

应税水污染物适用税额标准：2018年1月1日起，化学需氧量税额标准为5元/污染当量，氨氮税额标准为4.8元/污染当量，第一类水污染物税额标准为1.4元/污染当量；其他类水污染物税额标准为1.4元/污染当量。

3. 山东省：①大气污染物中二氧化硫、氮氧化物的具体适用税额为6.0元/污染当量，其他应税大气污染物的具体适用税额为1.2元/污染当量。应税水污染物中的化学需氧量、氨氮、总铅、总汞、总铬、总镉、总砷的具体适用税额为3.0元/污染当量，其他应税水污染物的具体适用税额为1.4元/污染当量。

②城乡污水集中处理场所超过国家和省规定的排放标准向环境排放应税水污染物的，其化学需氧量、生化需氧量、总有机碳、悬浮物、总磷、氨氮、大肠菌群数（超标）、总铅、总汞、总铬、总镉、总砷的具体适用税额为3.0元/污染当量；排放其他应税水污染物的具体适用税额为1.4元/污染当量。

4. 湖北省：废气中的二氧化硫和氮氧化物的税额为每污染当量2.4元；其余大气污染物的税额为每污染当量1.2元。废水中的化学需氧量、氨氮、总磷和五项主要重金属（铅、汞、铬、镉、类金属砷）的税额为每污染当量2.8元；其余水污染物的税额为每污染当量1.4元。

5. 内蒙古：应税大气污染物环境保护税具体适用税额：2018年，每污染当量1.2元；2019年，每污染当量1.8元；2020年每污染当量2.4元；应税水污染物环境保护税具体适用税额：2018年，每污染当量1.4元；2019年，每污染当量2.1元；2020年每污染当量2.8元。

6. 河南省：大气污染物适用税额为每污染当量4.8元，对当量值排前3位的大气污染物征收；水污染物适用税额为每污染当量5.6元，对当量值排前5位的第一类水污染物和当量值排前3位的其他类水污染物征收。

7：福建省：大气污染物适用税额为每污染当量1.2元；水污染物适用税额为五项重金属（总汞、总镉、总铬、总砷、总铅）、化学需氧量和氨氮，每污染当量1.5元，其他水污染物每污染当量1.4元。

三、关于征税对象

问题 15　环境保护税的征税对象是什么？

答：大气污染物、水污染物、固体废物、噪声是影响环境的最主要污染物，国际上一般都选择对这四类污染物征税。《环境保护税法》基本平移了原排污收费制度规定的征收范围，选择防治任务繁重、技术标准成熟的大气污染物、水污染物、固体废物和噪声等四类污染物，具体应税污染物依据《环境保护税法》所附《环境保护税目税额表》《应税污染物和当量值表》的规定执行。随着新的环境问题出现以及监测技术的不断改进，再逐步拓宽征税范围。

根据环境保护相关法律法规的规定，大气污染物是指向环境排放影响大气环境质量的物质，包括二氧化硫、氮氧化物、粉尘等 44 种具体污染物；水污染物是指向水体排放影响水环境质量的物质，包括氨氮、化学需氧量、重金属、悬浮物等 65 种具体污染物以及 pH 值、色度、大肠菌群数（超标）、余氯量（用氯消毒的医院废水）；固体废物是指在生产经营活动中产生的固体废物以及危险废物，包括煤矸石、尾矿等；噪声是指工业噪声，即在工业生产活动中使用固定的设备时产生的超过国家规定的环境噪声排放标准的、干扰周围生活环境的声音。

问题 16　《环境保护税法》中规定了哪些不征税情形？

答：《环境保护税法》及其实施条例中明确了三种不缴纳相应污染物的环境保护税的情形：

(1) 企业事业单位和其他生产经营者向依法设立的污水集中处理、生活垃圾集中处理场所排放应税污染物的（《环境保护税法》第四条第一项）。

企业事业单位和其他生产经营者按照城市污水排放、市政环境管理要求，按照环境保护管理规定向污水集中处理、生活垃圾集中处理场排放应税污染物，并通过缴纳污水处理费、垃圾处理费等形式，承担了环境污染治理成本。

(2) 企业事业单位和其他生产经营者在符合国家和地方环境保护标准的设施、场所贮存或者处置固体废物的（《环境保护税法》第四条第二项）。

(3) 依法对畜禽养殖废弃物进行综合利用和无害化处理的（《环境保护税法实施条例》第四条）。

综合利用，主要是指在符合国家和地方环境保护标准的设施、场所贮存畜禽养殖废弃物，并采用粪肥还田、制取沼气、制造有机肥等方式进行利用。

问题 17　《环境保护税法》中对于应税污染物的排放到底是对超标征税，还是有应税污染物排放即征税？

答：对此不能绝对化地理解，要具体分析。

一是从四个污染物种类看。对于噪声，按照《环境保护税法》第七条的规定，应税噪声按照超过国家规定标准的分贝数确定。

二是对城乡污水集中处理、生活垃圾集中处理场所排放应税水污染物有特殊规定。按照《环境保护税法》第十二条的规定，对于城乡污水处理厂依法设立的城乡污水集中处理、生活垃圾集中处理场所排放相应应税污染物，不超过国家和地方规定的排放标准的，暂免征收环境保护税。

三是从税法规定看是对主要污染物征收。按照《环境保护税法》第九条的规定，对应税大气污染物，按照污染当量数从大到小排序，对前三项污染物征收环境保护税。对第一类水污染物按照前五项征收环境保护税，对其他类水污染物按照前三项征收环境保护税。也就是说，税法规定的是对主要污染物征收环境保护税。

问题 18　关于城乡污水处理场所和生活垃圾集中处理场所的基本情况，在《环境保护税法》中有何特殊规定？

答：一是基于城乡污水处理场所和生活垃圾集中处理场所的基本运营情况，城乡污水集中处理场所需要按照物价管理部门的规定向企业事业单位和其他生产经营者收取费用，用于污水的集中处理。对于这些企业事业单位和其他生产经营者而言，其向依法设立的污水集中处理、生活垃圾集中处理场所排放应税污染物，由于没有直接向环境排放应税污染物，且缴纳了处理费用给有关集中处理场所，因此不应当作为环境保护税的纳税人。

二是城乡污水处理场所和生活垃圾集中处理场所属于环境保护税的纳税人。对于城乡污水集中处理场所和生活垃圾集中处理场所而言，城镇污水集中处理、生活垃圾集中处理场所向环境排放的污染物，已经对环境产生了直接影响，属于直接排放，依法应当征收环境保护税。但在实践中，城镇污水处理厂既是治污单位又是排污大户，具有一定的社会公共服务属性，如果对其全额征税，需要通过水价等向居民和企业传导，可能会加重民生负担。

综合考虑上述因素，《环境保护税法》第十二条规定，依法设立的城乡污水集中处理、生活垃圾集中处理场所排放相应应税污染物，不超过国家和地方规定的排放标准的暂予免征环境保护税，从而鼓励城乡污水集中处理厂、生活垃圾处理场的达标排放。但城乡污水处理厂、生活垃圾处理场超标排放应税污染物的，不仅要受到环保部门的处罚，还要依法缴纳环境保护税。

问题 19　为什么工业园区、开发区等工业聚集区域内的企业事业单位和其他生产经营者提供污水处理服务的场所，以及企业事业单位和其他生产经营者自建自用的污水处理场所应当缴纳环境保护税？

答:《环境保护税法实施条例》第三条规定，《环境保护税法》第五条第一款、第十二条第一款第三项规定的城乡污水集中处理场所，是指为社会公众提供生活污水处理服务的场所，不包括为工业园区、开发区等工业聚集区域内的企业事业单位和其他生产经营者提供污水处理服务的场所，以及企业事业单位和其他生产经营者自建自用的污水处理场所。

对于上述工业园区等纳税人，可以参照环境保护部《关于确定工业区等集中污水处理设施性质的复函》(环函〔2014〕144 号）的解释。环境保护部在对北京市环保局的回复中认为，城市污水集中处理设施作为城市重要的市政公用基础设施，主要收纳和处理城市生活污水，其处理工艺流程主要针对生活污水进行设计。工业区、开发区、畜禽养殖小区等自建的主要接纳处理生产污水的集中处理设施，在接纳水质、处理工艺、处理污染物的种类及危害程度方面均与城市污水集中处理设施明显不同，不能视为《排污费征收使用管理条例》中的城市污水集中处理设施，对其应按照一般工业企业收取排污费。

问题 20　在实践中，如何界定城乡污水集中处理场所、生活垃圾集中处理场所?

答：(1）从处理工艺看是不是达到二级处理。我们可以参照《关于界定城市污水集中处理设施的复函》(环函〔2016〕125 号）的规定。该复函中提出，根据《国家环境保护规范城市考核指标》的要求，城市污水集中处理设施应为实施二级处理的城市污水处理厂。二级处理为生化处理，以去除不可沉悬浮物和溶解性可生物降解有机物为主要目的，可分为活性污泥法、AB 法、A/O 法，SBR 法、土地处理法等多种处理方法。生物处理的原理是通过生物特别是微生物作用，完成有机物的分解和生物体的合成，将有机污染物转变为无害的气体（二氧化碳)、液体（水）以及富含有机物的固体产物（生物污泥)，多余的生物污泥在沉淀池中经沉淀池固液分离，从净化后的污泥中去除。

(2）参考环境影响评价文件。在环境影响评价文件中查找是不是按照城乡污水集中处理场所的标准修建的。如果仍有争议，税务机关和纳税人可以向当地环境保护主管部门、城乡建设部门函询。

(3）参考资金来源。一般而言，城乡污水处理厂所和生活垃圾集中处理场所，主要向社会公众提供公共生活垃圾集中处理服务，并由财政支付运营服务费或安排运营资金。

问题 21　关于排放口有哪些规定？

答：(1) 应税大气污染物、水污染物按照排放口确定具体征收的污染物因子。具体来讲，按照《环境保护税法》第九条的规定，大气污染物、每一排放口或者没有排放口的应税大气污染物，按照污染当量数从大到小排序，对前三项污染物征收环境保护税。

每一排放口的应税水污染物，依照该法所附《应税污染物和当量值表》，区分第一类水污染物和其他类水污染物，按照污染当量数从大到小排序，对第一类水污染物按照前五项征收环境保护税，对其他类水污染物按照前三项征收环境保护税。

(2) 应纳税额也是分排放口和污染物因子分别计算。《环境保护税法实施条例》第九条规定，从两个以上排放口排放应税污染物的，对每一排放口排放的应税污染物分别计算征收环境保护税；纳税人持有排污许可证的，其污染物排放口按照排污许可证载明的污染物排放口确定。

问题 22　水污染物中的一类污染物和其他类污染物在环保管理上是如何划分的？

答：我国自《工业“三废”排放标准（试行）》(GB J4—1973) 开始将水污染物分为两类，即第一类物质和第二类物质。第一类物质是指能在环境或动植物体内蓄积，对人体健康产生长远影响的有害物质，包含了汞、镉、六价铬、砷、铅 5 种重金属及其无机化合物，要求在车间或车间处理设备排出口监测。《污水综合排放标准》（GB 8978—1988）中对一类污染物的定义为：在动植物体内长期蓄积、毒性较大、影响长远的有毒物质，能在环境或动植物体内蓄积，对人体健康能产生长远不良影响者。其主要特点包括：生物累积性、难生物降解、毒性大。《污水综合排放标准》（GB 8978—1996）中的一类污染物包括 13 项，即总汞、烷基汞、总镉、总铬、六价铬、总砷、总铅、总镍、苯并（a）芘、总铍、总银、总 α 放射性、总 β 放射性。此外，在行业型水污染物排放标准中规定在车间口监测的污染物也属于一类污染物的范畴，例如《制浆造纸工业水污染物排放标准》（GB 3544—2008）中规定的可吸附有机卤素（AOX）和二噁英。

四、关于计税依据

问题 23　如何理解环境保护税计算中的污染当量？

答：按照《环境保护税法》的规定，污染当量是指根据污染物或者污染排放活动对环境的有害程度以及处理的技术经济性，衡量不同污染物对环境污染的综合性指标或者计量单位。同一介质相同污染当量的不同污染物，其污染程度基本相当。这个换算过程类似于将不同品种、不同含量的能源按各自不同的热值换算成每千克热值 7 000 千卡标准煤的过程。换算成污染当量后，相同污染当量值的不同污染物，其污染程度基本相当。

问题 24　应税大气污染物、水污染物、固体废物的排放量和噪声的分贝数有哪些计算方法？

答：按照《环境保护税法》第十条的规定，应税大气污染物、水污染物、固体废物的排放量和噪声的分贝数，按照下列方法和顺序计算：

(1) 纳税人安装使用符合国家规定和监测规范的污染物自动监测设备的，按照污染物自动监测数据计算；

(2) 纳税人未安装使用污染物自动监测设备的，按照监测机构出具的符合国家有关规定和监测规范的监测数据计算；

(3) 因排放污染物种类多等原因不具备监测条件的，按照国务院环境保护主管部门规定的排污系数、物料衡算方法计算；

(4) 不能按照上述第 (1) 项至第 (3) 项规定的方法计算的，按照省、自治区、直辖市人民政府环境保护主管部门规定的抽样测算的方法核定计算。

应当注意的是，纳税人对于监测方法的适用是有顺序的。纳税人一是要按照《环境保护税法》规定的顺序确定本企业适用的计算方法；二是对于属于环境保护主管部门要求安装使用自动监测设备的，纳税人必须安装使用符合监测规范的自动监控设备，并与环保部门联网。在计算环境保护税时，以自动监控设备读取符合监测规范的数据作为计算依据。

问题 25　纳税人有自建的实验室，符合国家监测规范，企业实验室监测的符合监测规范的数据能否用于环境保护税的计算？

答：可以。《环境保护税法实施条例》第九条规定，属于《环境保护税法》第十条第二项规定情形的纳税人，自行对污染物进行监测所获取的监测数据，符合国家有关规定和监测规范的，视同《环境保护税法》第十条第二项规定的监测机构出具的监测数据。

五、关于应税大气污染物排放量的计算

问题 26　在环境保护管理上，对于大气污染物是如何分类的？

答：根据大气污染物产生和排放的特点和类型，可将大气污染物分为燃料燃烧产生的废气污染物、工艺废气污染物和流动污染源大气污染物三大类。《环境保护税法》平移了原排污收费制度关于大气污染物因子的征收范围。

（1）关于燃料燃烧产生废气污染物。我国目前的大气污染物主要是煤烟型污染，其中以烟尘和 SO_2 为主要污染物。燃煤锅炉和炉窑是燃料燃烧的主要污染源，火力电厂锅炉是耗煤最多的燃煤设备。燃料燃烧排放的污染物主要是 SO_2、NOx、烟尘、CO 等。

（2）关于流动污染源大气污染物。按照《环境保护税法》第十二条的规定，“机动车、铁路机车、非道路移动机械、船舶和航空器等流动污染源排放应税污染物的”，暂予减免征收环境保护税。

（3）废气污染物的主要分类。以各类污染物因子的污染特征和治理工艺相近为依据，可以将《环境保护税法》附表中的大气污染物分为六大类，即：无机气态污染物（包括二氧化硫、氮氧化物、一氧化碳、氯气、氯化氢、氟化物、氰化氢）、无机雾态污染物（包括硫酸雾、铬酸雾、汞及其化合物）、颗粒状污染物（包括一般性粉尘、石棉尘、玻璃棉尘、炭黑尘、铅及其化合物、镉及其化合物、铍及其化合物、镍及其化合物、锡及其化合物、烟尘）、有机烃或碳氢氧化合物（包括苯、甲苯、二甲苯、苯丙（a）芘、甲醛、乙醛、丙烯醛、甲醇、酚类、沥青烟)、有机碳氢氧及其他(包括苯胺类、氯苯类、硝基苯、丙烯腈、氯乙烯、光气)、恶臭污染物(包括硫化氢、氨、三甲胺、甲硫醇、甲硫醚、二甲二硫、苯乙烯、二硫化碳)。

问题 27 应税大气污染物的计算规则有哪些要点?

答:按照《环境保护税法》的规定,可以将应税大气污染物的计算规则分解为以下几个要点:

一是有应税大气污染物排放即应当缴纳环境保护税。

二是对于排放的应税大气污染物一般要按照具体的排放口,分污染物因子(即具体污染物名称)进行明细计算,再由申报系统在纳税申报表主表中自动代入或者手工填入。

三是对每一排放口征收环境保护税的污染物种类数(即污染物因子),以污染当量数从大到小的顺序排序,最多为三项。

四是属于排污许可证管理的范围的要按照排污许可证管理的规定执行,比如排放口、排放限值等具体规定。

五是对于应税大气污染物达到减免标准排放的,也要按照每一个排放口中的具体污染物因子进行明细计算。

六是对机动车、铁路机车、非道路移动机械、船舶和航空器等流动污染源排放应税污染物的,暂予减免征收。

问题 28　应税大气污染物应当如何排序和计算？请举例说明。

答：关于排序规则，按照《环境保护税法》第九条的规定，对于每一排放口或者没有排放口的应税大气污染物，按照污染当量数从大到小排序，对前三项污染物征收环境保护税。

排序和计算举例如下：

某火力发电厂是环境保护税纳税人，该厂仅有 1 个废气排放口，已安装使用符合国家规定和监测规范的污染物自动监测设备。监测数据显示，2018 年 2 月，该排放口共排放大气污染物1 000 万立方米，其中含应税污染物浓度分别为：二氧化硫 350mg/m³；汞及其化合物 0.1mg/m³；一般性粉尘 20mg/m³；氮氧化物 140mg/m³。请计算该火力发电厂 2 月应当缴纳的环境保护税。（该厂所在省的大气污染物税率为 4 元/污染当量。）

分析：

（1）对应税污染物排放量进行列表排序。详见下表。

某火力发电厂 2 月污染当量计算表

2 月排放总量（m³）	名称	浓度值（mg/m³）	当量值（kg）	污染当量数	排序
10 000 000	二氧化硫	350	0.95	3 684.21	2
	汞及其化合物	0.1	0.000 1	10 000	1
	一般性粉尘	20	4	50	4
	氮氧化物	140	0.95	1 473.68	3
	前三项合计			15 157.89	

(2) 计算污染物当量。以二氧化硫计算为例，

二氧化硫污染当量数＝2 月排放总量×浓度值÷当量值
＝10 000 000×350÷1 000 000÷0.95
＝3 684.21

其余污染物的污染当量数按次计算并进行排序。

总的污染当量数＝∑由大到小前三项应税污染物污染当量数
＝汞及其化合物当量数＋二氧化硫当量数＋氮氧化物当量数
＝10 000＋3 684.21＋1 473.68
＝15 157.89

问题 29　适用物料衡算法计算环境保护税目前有哪些规定?

答:《环境保护税法》第十条规定的物料衡算法是环境保护税计算的重要方法之一。物料衡算法主要用于特定污染物的计算，主要依据是《关于发布计算污染物排放量的排污系数和物料衡算方法的公告》(环境保护部公告 2017 年第 81 号)。例如，在该公告附件二中规定，能够独立计量燃料消耗量的，各项污染物排放量核算方法如下。

二氧化硫排放量核算方法为:

$$P_{SO_2}=Q\times\eta\times0.85\times2\times10$$

式中，P_{SO_2} 为二氧化硫排放量 (千克); Q 为燃料消耗量 (吨); η 为燃料

含硫量（%）。

氮氧化物排放量核算方法为：

$$P_{NO_X}=Q\times\mu$$

式中，P_{NO_X}为氮氧化物排放量（千克）；Q为燃料消耗量（吨）；μ为排污系数，煤炭取1.6～2.6千克/吨，天然气取8千克/万立方米。

烟尘排放量核算方法为：

$$P_{烟尘}=Q\times\rho$$

式中，$P_{烟尘}$为烟尘排放量（千克）；Q为煤炭消耗量（吨）；ρ为排污系数，民用型煤取1～2千克/吨，原煤取8～10千克/吨。

六、关于应税水污染物排放量的计算

问题30　应税水污染物的具体划分标准有哪些？

答：《环境保护税法》中将应税水污染物划分为第一类水污染物和其他类水污染物。其中对于其他类水污染物在附表中具体分为第二类水污染物以及pH值、色度、大肠菌群数（超标）以及余氯量（用氯消毒的医院废水）等。

应税水污染物是依据国家《污水综合排放标准》的规定确定的。污水排放标准是依据受纳水体的水质要求，结合环境特点和社会、经济、技术条件，对排入环境的废水中的水污染物和产生的有害因子所做的控制标准，或者说是水污染物或者有害因子的允许排放量（浓度）或限值。污水排放标准分为国家标准、地方标准、行业标准。

问题 31　应税水污染物应当如何排序和计算？请举例说明。

答：关于排序规则，按照《环境保护税法》第九条的规定，对于每一排放口的应税水污染物，按照该法所附《应税污染物和当量值表》，区分第一类水污染物和其他类水污染物，按照污染当量数从大到小排序，对第一类水污染物按照前五项征收环境保护税，对其他类水污染物按照前三项征收环境保护税。

排序和计算举例如下：

某化工厂是环境保护税纳税人，该厂仅有 1 个污水排放口且直接向环境排放污水，已安装使用符合国家规定和监测规范的污染物自动监测设备。监测数据显示，2018 年 1 月，该排放口共排放污水 50 万吨（折合 50 万立方米），其中：含一类应税污染物浓度分别为：总银 0.5mg/l；总砷 0.6mg/l；总铅 1.0mg/l；总镍 1.1mg/l；总铍 0.005mg/l；总铬 1.5mg/l；二类应税污染物浓度分别为：总氰化物 0.5mg/l；硫化物 0.025mg/l；氨氮 25mg/l；氟化物 10mg/l。请计算该化工厂 1 月应当缴纳的环境保护税。（该厂所在省的水污染物税额为 3 元/污染当量。）

分析：

(1) 污染当量数计算排序。对于一类应税水污染物要选出前五项，其他类应税水污染物要选出前三项。详见下表。

某化工厂1月污染当量数计算表

1月排放总量（L）	一类污染物					二类污染物				
	名称	浓度值 mg/L	当量值 kg	污染当量	排序	名称	浓度值 mg/L	当量值 kg	污染当量	排序
500 000 000	总银	0.5	0.02	12 500	5	总氰化物	0.5	0.05	5 000	3
	总砷	0.6	0.02	15 000	4	硫化物	0.025	0.125	100	4
	总铅	1	0.025	20 000	2	氨氮	25	0.8	15 625	1
	总镍	1.1	0.025	22 000	1	氟化物	10	0.5	10 000	2
	总铍	0.005	0.01	250	6					
	总铬	1.5	0.04	18 750	3					
	前五项合计			88 250		前三项合计			30 625	

(2) 计算污染当量数。以总银污染当量数计算为例，

$$\begin{aligned}总银污染当量&=1月排放总量\times浓度值\div当量值\\&=500\ 000\ 000\times0.5\div1\ 000\ 000\div0.02\\&=12\ 500\end{aligned}$$

其他污染物因子的计算依此类推。

$$\begin{aligned}\frac{一类污染物}{当量数}&=\sum\frac{由大到小前五项应税}{污染物污染当量数}=\frac{总镍污染}{当量数}+\frac{总铅污染}{当量数}+\\&\quad\frac{总铬污染}{当量数}+\frac{总砷污染}{当量数}+\frac{总银污染}{当量数}\\&=22\ 000+20\ 000+18\ 750+15\ 000+12\ 500\end{aligned}$$

$$=88\ 250$$

$$\text{二类污染物当量数} = \sum \text{由大到小前三项应税污染物污染当量数}$$

$$= \text{氨氮当量数} + \text{氰化物当量数} + \text{总氰化物当量数}$$

$$=15\ 625+10\ 000+5\ 000$$

$$=30\ 625$$

$$\text{应税水污染物总当量数} = \text{一类污染物当量数} + \text{二类污染物当量数} = 118\ 875$$

问题 32　应税水污染物应缴纳的环境保护税是如何计算的？请举例说明。

答：举例如下：

某化工厂有一个污水排放口，2018 年 1 月排放污水 12 万 m^3，经监测污水中水污染物排放浓度 COD200mg/l、BOD80mg/l、SS150mg/l、pH 值 5，石油类 20mg/l、硫化物 1mg/l。该排放口通向Ⅳ水域。

该厂污水排放口执行《污水综合排放标准》表 2 中的二级标准，经查得知排放标准 150，pH 值 6～9，税率为 3 元/污染当量。

请计算该化工厂 1 月应缴纳的水污染物的环境保护税。

分析：

$$\text{COD 月排放量} = 120\ 000 \times 1\ 000 \times 200/1\ 000\ 000 = 24\ 000\text{kg/月}$$

COD 的当量数＝24 000kg/1kg＝24 000 污染当量

BOD 月排放量＝120 000×1 000×80/1 000 000＝9 600kg/月

BOD 的当量数＝9 600kg/0.5kg＝19 200 污染当量

SS 月排放量＝120 000×1 000×150/1 000 000＝18 000kg/月

SS 的当量数＝18 000kg/4kg＝4 500 污染当量

石油类月排放量＝120 000×1 000×20/1 000 000＝2 400kg/月

石油类的当量数＝2 400kg/0.1kg＝24 000 污染当量

硫化物月排放量＝120 000×1000×1/1 000 000＝120kg/月

硫化物的当量数＝120kg/0.125kg＝960 污染当量

pH 值的当量数＝120 000t 污水/5t 污水＝24 000 污染当量

总的排放量排序：

（1）BOD、COD 只征收一项。

（2）排在前三位的是 COD、石油类、pH 值。

（3）排放总量＝24 000＋24 000＋24 000＝72 000（污染当量）。

因此，应缴纳的环境保护税＝72 000×3＝216 000（元）。

问题 33　pH 值、色度的环境保护税是如何计算的？请举例说明。

答：举例如下：

某印染厂，2018 年 1 月排放污水 24 000 吨，经检测浓度值为：色度 320

倍，COD 120 毫克/升，BOD 30 毫克/升，pH 值 4。该企业的环境保护税如何计算?

分析：

(1) 经查，该企业所在省的排放标准为：色度 80 倍，COD 150 毫克/升，BOD 30 毫克/升，pH 值 6～9. 所在省应税水污染物税额标准为 3 元/污染当量。

(2) 具体计算如下：

色度的超标倍数＝(320－80)/80＝3

色度超标排放量＝24 000×3＝72 000（吨水·倍）

色度的污染当量数＝72 000 吨水·倍/5 吨水·倍＝14 400

色度应缴纳的环境保护税＝14 400×3＝43 200（元）

(3)《环境保护税法》附表中，pH 值为 4 对应的污染当量值为 1 吨污水，因此，

pH 值的污染当量数＝24 000 吨污水/1 吨污水＝24 000

pH 值应缴纳的环境保护税＝24 000×3＝72 000（元）

(4) 计算结果如下：

该企业应缴纳的环境保护税＝43 200＋72 000＝115 200（元）

七、关于应税固体废物排放量的计算

问题 34 《环境保护税法》对固体废物环境保护税有哪些规定?

答:《环境保护税法》第四条和第十二条对固体废物的处理做出了具体规定。按照《中华人民共和国固体废物污染环境防治法》(以下简称《固体废物污染环境防治法》)等环境保护法律法规的规定,固体废物产生后主要有三种去向:一是进行综合利用,属于暂免征收环境保护税的范围;二是按照环境保护要求进行贮存,达到环境保护标准贮存的不属于环境保护税的征收范围;三是按照环境保护要求进行处置,达到环境保护标准处置的不属于环境保护税的征收范围。

(1)综合利用。固体废物的综合利用是对已产生的固体废物进行回收加工、循环利用或者其他再利用,使废物变为产品或者转化为可供再利用的二次原料,既减少了固体废物的危害,又可以实现经济效益。固体废物的综合利用应符合国务院发展改革、工业和信息化主管部门关于资源综合利用要求,主要是要体现《固体废物污染环境防治法》所要求的减量化、资源化、无害化原则。

(2)贮存、处置。《环境保护税法》第四条和第十二条规定,应在符合国家和地方环境保护标准的设施、场所贮存或者处置固体废物。其中的贮存、处置方式应符合环境保护部公布的《一般工业固体废物贮存、处置场污染控制标准》(GB18599—2001)、《危险废物贮存污染控制标准》(GB18597—2001)、《危险废物填埋污染控制标准》(GB18598—2001)的规定。

问题 35　纳税人的应税固体废物如何计算?

答：按照《环境保护税法实施条例》第五条的规定，应税固体废物的计税依据，按照固体废物的排放量确定。固体废物的排放量为当期应税固体废物的产生量减去当期应税固体废物的贮存量、处置量、综合利用量的余额。用公式表示为：

$$\text{固体废物的排放量}=\text{当期固体废物的产生量}-\text{当期固体废物的综合利用量}-\text{当期固体废物的贮存量}-\text{当期固体废物的处置量}$$

对该公式的理解如下：

一是该公式中的固体废物的数量均是“当期”的概念范畴。

二是该公式中的“固体废物的排放量”是环保管理意义上的数量。在环境保护税管理上，固体废物的综合利用属于应税的范畴，为了促进固体废物的综合利用，《环境保护税法》规定暂予减免。因此，应税固体废物的排放量＝当期固体废物的产生量－当期固体废物的贮存量－当期固体废物的处置量。当期固体废物的综合利用量在纳税申报表中的减免税计算报表中填写。

三是对于当期固体废物的产生量，企业应当参照危险废物的台账管理制度，建立配合全面的台账管理制度，作为配合税务机关和环境保护主管部门进行后续管理的备查资料。

八、关于应税工业噪声排放量的计算

问题 36　对噪声是如何征收环境保护税的？

答：按照《环境保护税法》第七条的规定，应税噪声按照超过国家规定标准的分贝数确定。也就是说，对噪声是在超标的情况下征收环境保护税。

问题 37　对噪声征收环境保护税所依据的监测规范主要有哪些？

答：最新适用的噪声监测标准规范为《工业企业厂界环境噪声排放标准》(GB12348—2008)，其中规定了工业企业和固定设备厂界环境噪声排放限值及其测量方法。

问题 38　对于噪声中的具体名词，如“厂界”“昼间”“夜间”等，是如何规定的？

答：工业企业厂界环境噪声是指在工业生产活动中使用固定设备等产生的、在厂界处进行测量和控制的干扰周围生活环境的声音。

厂界。是指由法律文书（如土地使用证、房产证、租赁合同等）中确定的业主所拥有使用权（或所有权）的场所或建筑物边界。各种产生噪声的固定设备的厂界为其实际占地的边界。

昼间。根据《中华人民共和国环境噪声污染防治法》，“昼间”是指 6:00

至 22:00 之间的时段；“夜间”是指 22:00 至次日 6:00 之间的时段。县级以上人民政府为环境噪声污染防治的需要（如考虑时差、作息习惯差异等）而对昼间、夜间的划分另有规定的，应按其规定执行。

等效声级。又称等效连续 A 声级，是指在规定测量时间 T 内 A 声级的能量平均值，单位为 dB（A）。

问题 39　工业企业厂界环境噪声排放限值是如何规定的?

答：按照《工业企业厂界环境噪声排放标准》（GB12348—2008）的规定，其排放限值详见下表。

工业企业厂界环境噪声排放限值　　单位：dB（A）

厂界外声环境功能区类别	昼间	夜间
0	50	40
1	55	45
2	60	50
3	65	55
4	70	55

参照 GB 12349 的监测方法，厂界外声环境功能区类别是按照以下进行分类的：

Ⅰ类标准适用于以居住、文教机关为主的区域。
Ⅱ类标准适用于居住、商业、工业混杂区及商业中心区。
Ⅲ类标准适用于工业区。
Ⅳ类标准适用于交通干线道路两侧区域。

问题 40　工业噪声的环境保护税是如何征收的？

答：（1）计税依据的确定。

①纳税人同一噪声源同一监测点当月有多个监测数据超标的，以最高一次超标声效等级计算应纳税额。

②同一噪声源边界上有多处监测数据超标的，根据最高一处超标声级计算应纳税额。

③同一噪声源沿边界长度超过 100 米有两处以上噪声超标的，按照两个单位计算应纳税额。其中，超过 100 米，是指两点间的沿边界的最大距离。按照两个单位计算的是以最高超标分贝数为标准计算。

④一个单位有不同地点作业场所的，应当分别计算应纳税额，合计计征。

⑤同一噪声源昼、夜均超标的，昼、夜分别计算应纳税额，累计计征。

⑥应税噪声超标分贝数不足 1 分贝的，按四舍五入取整。

（2）减半计算。

①噪声源一个月内超标不足 15 天的，减半计算应纳税额。

②应当注意的是，减半计算同样区分昼、夜。纳税人排放工业噪声昼间

超标不足 15 昼的，减半计算昼间应纳税额；夜间超标不足 15 夜的，减半计算夜间应纳税额。

九、以产生量作为排放量的特殊处理

问题 41　如何理解《环境保护税法实施条例》第六条规定的排放固体废物“以其当期应税固体废物的产生量作为固体废物的排放量”?

答：(1) 基本规定。《环境保护税法实施条例》第六条规定，纳税人有下列情形之一的，以其当期应税固体废物的产生量作为固体废物的排放量：①非法倾倒应税固体废物；②进行虚假纳税申报。

(2) 对“以其当期应税固体废物的产生量作为固体废物的排放量”可以从以下两个方面理解。

一是能够准确计量的，其应税固体废物的贮存量、处置量、综合利用量不允许扣减，当期应税固体废物的排放量为其产生量。

二是不能够准确计量的，按照产污系数法或物料衡算法计算确定其当期应税固体废物的产生量，直接作为当期应税固体废物的排放量。

问题 42　如何理解《环境保护税法实施条例》第七条“以其当期应税大气污染物、水污染物的产生量作为污染物的排放量”的规定?

答：《环境保护税法实施条例》第七条规定，纳税人存在以下情形之一的，以其当期应税大气污染物、水污染物的产生量作为污染物的排放量：①未依法安装使用污染物自动监测设备或者未将污染物自动监测设备与环境保护主管部门的监控设备联网；②损毁或者擅自移动、改变污染物自动监测设备；③篡改、伪造污染物监测数据；④通过暗管、渗井、渗坑、灌注或者稀释排放以及不正常运行防治污染设施等方式违法排放应税污染物；⑤进行虚假纳税申报。

“以其当期应税大气污染物、水污染物的产生量作为污染物的排放量”，是指按照《关于发布计算污染物排放量的排污系数和物料衡算方法的公告》（环境保护部公告 2017 年第 81 号）中规定的产污系数、物料衡算方法，以直接向环境排放计算该排放口应税污染物的产生量。

十、关于环境保护税减税政策

问题 43　纳税人可以享受的减税政策有哪些？

答：按照《环境保护税法》第十三条的规定，纳税人排放应税大气污染物或者水污染物的浓度值低于国家和地方规定的污染物排放标准 30％的，减按 75％征收环境保护税。纳税人排放应税大气污染物或者水污染物的浓度值低于国家和地方规定的污染物排放标准 50％的，减按 50％征收环境保护税。

问题 44　如何理解《环境保护税法》第十三条规定的应税大气污染物或者水污染物的浓度值？

答：《环境保护税法实施条例》第十条明确规定，《环境保护税法》第十三条所称应税大气污染物或者水污染物的浓度值，是指纳税人安装使用的污染物自动监测设备当月自动监测的应税大气污染物浓度值的小时平均值再平均所得数值或者应税水污染物浓度值的日平均值再平均所得数值，或者监测机构当月监测的应税大气污染物、水污染物浓度值的平均值。

依照《环境保护税法》第十三条的规定减征环境保护税的，上述规定的应税大气污染物浓度值的小时平均值或者应税水污染物浓度值的日平均值，以及监测机构当月每次监测的应税大气污染物、水污染物的浓度值，均不得超过国家和地方规定的污染物排放标准。

具体可以从以下几个方面理解：

一是纳税人享受大气污染物、水污染物的减税政策时，首先要符合月均值达到《环境保护税法》第十三条规定的比例要求。同时，应税大气污染物浓度值的小时平均值或者应税水污染物浓度值的日平均值，以及监测机构当月每次监测的应税大气污染物、水污染物的浓度值，均不得超过国家和地方规定的污染物排放标准。

由于纳税人若所排放应税大气污染物浓度值的小时平均值或者应税水污染物浓度值的日平均值超标将会受到环保处罚，因此，在环境保护税管理上就不能享受税收优惠政策。

二是纳税人享受减税时，填报纳税申报表时也需要按照每一排放口中的污染物因子计算减税。按照《环境保护税法实施条例》第十一条的规定，依照《环境保护税法》第十三条的规定减征环境保护税的，应当对每一排放口排放的不同应税污染物分别计算。

三是能够享受减税条件的监测方式仅限于采用自动监测和委托监测计算环境保护税的纳税人。

十一、海洋工程环境保护税征收政策

问题 45　关于海洋工程环境保护税纳税人是如何规定的？

答：《环境保护税法》及其实施条例对“其他海域”与《中华人民共和国海洋环境保护法》（以下简称《海洋环境保护法》）和海洋工程排污费制度相衔接，因此，《海洋工程环境保护税申报征收办法》（国家税务总局公告 2017 年第 50 号发布）第二条将其细化为“中华人民共和国内水、领海、毗连区、专属经济区、大陆架以及管辖的其他海域”。同时，由于原排污费征收主要针对从事海洋石油、天然气的勘探、开发、生产作业活动的企业，因此，该办法明确规定了适用纳税人范围为在上述海域范围内从事海洋石油、天然气勘探开发生产等作业活动，并向海洋环境排放应税污染物的企业事业单位和其他生产经营者。

问题 46　“海洋工程”在环境保护法上是如何界定的？对海洋工程环境保护税的征收有何影响？

答：相关法律主要是《海洋环境保护法》《防治海洋工程建设项目污染损害海洋环境管理条例》，征收排污费的主要文件是《国家海洋局关于印发〈海洋工程排污费征收标准实施办法〉的通知》（国海环字〔2003〕214 号）。

《防治海洋工程建设项目污染损害海洋环境管理条例》规定，该条例所称海洋工程，是指以开发、利用、保护、恢复海洋资源为目的，并且工程主体位于海岸线向海一侧的新建、改建、扩建工程。具体包括：

(1) 围填海、海上堤坝工程；
(2) 人工岛、海上和海底物资储藏设施、跨海桥梁、海底隧道工程；
(3) 海底管道、海底电（光）缆工程；
(4) 海洋矿产资源勘探开发及其附属工程；
(5) 海上潮汐电站、波浪电站、温差电站等海洋能源开发利用工程；
(6) 大型海水养殖场、人工鱼礁工程；
(7) 盐田、海水淡化等海水综合利用工程；
(8) 海上娱乐及运动、景观开发工程；
(9) 国家海洋主管部门会同国务院环境保护主管部门规定的其他海洋工程。

因此，目前《海洋工程环境保护税申报征收办法》规定，仅对从事海洋石油、天然气勘探开发生产等作业活动，并向海洋环境排放应税污染物的企业事业单位和其他生产经营者征收环境保护税，对其他海洋工程暂不征收。

问题 47　请比较海洋工程排污费征收与环境保护税征收的主要异同。

答：(1) 相同点。

①纳税人范围基本相同。均为在中华人民共和国内水、领海、毗连区、

专属经济区、大陆架以及管辖的其他海域从事海洋石油、天然气勘探开发生产等作业活动，并向海洋环境排放应税污染物的企业事业单位和其他生产经营者。

②监测管理机构相同。按照《海洋工程环境保护税申报征收办法》的规定，国家海洋行政主管部门应当建立健全污染物监测规范，加强应税污染物排放的监测管理。纳税人应按照国家海洋行政主管部门管理规定进行监测管理和纳税申报。

(2) 不同点。

①依法扩大了征税范围。《环境保护税法》明确将大气污染物列入征税范围，与原《海洋工程排污费征收办法》相比，《海洋工程环境保护税申报征收办法》增加了对应税大气污染物征税的规定。

②明确了税额标准适用。原海洋工程排污费征收标准统一且标准较低，在2015年税额标准普遍提高的情况下，其征收标准未作调整。改征环境保护税后，税额标准将按照海洋石油税收管理分局所在省区的标准确定，较原征收标准有所提高。

③调整了征管流程。原《海洋工程排污费征收办法》明确，国家海洋局各分局应当对企业或作业者申报的排放污染物种类、数量进行核定。改征环境保护税后，取消了前置核定规定，与其他环境保护税征管流程保持一致。

④增加了部门协作条款。原海洋工程排污费由国家海洋局负责征收，征

环境保护税后，改由海洋石油税务管理分局负责征收，按照《环境保护税法》建立部门协作机制的要求，6 个海洋石油税收管理分局与 3 个海洋管理分局建立税款征收协作机制。

⑤取消了加倍征收条款。原《海洋工程排污费征收办法》对生产污水和机舱污水超标准排放的，加一倍征收超标准排污费。改征环境保护税后，因《环境保护税法》取消了加倍征收条款，在《海洋工程环境保护税申报征收办法》中也未吸收采纳该条款。

问题 48　对海洋工程水污染物有何特殊规定?

答：对于应税水污染物平移了原排污收费规定。对向海洋水体排放生产污水和机舱污水、钻井泥浆和钻屑及生活污水的，按照应税水污染物排放量折合的污染当量数计算。其中，生产污水和机舱污水，按照其中石油类污染物排放量折合的污染当量数计征；钻井泥浆和钻屑按照其中石油类、总镉、总汞的污染物排放量折合的污染当量数计征；生活污水按照生活污水中化学需氧量（CODcr）排放量折合的污染当量数计征。

问题 49　海洋工程环境保护税对于应税大气污染物是如何计算的?

答：对于应税大气污染物，原《海洋工程排污费征收办法》没有规定，但按照《环境保护税法》第二十二条的规定，需要对海洋工程的大气污染物征收环境保护税，因此《海洋工程环境保护税申报征收办法》将大气污染物列入征收范围，其计算方法与《环境保护税法》规定的其他陆上大气污染物相同，即对大气污染物，按照排放应税污染物浓度值和排放量折合的污染当量数从大到小前三项污染物计征。具体而言，可按照下列公式计算：

$$\text{大气污染物应纳税额}=\sum\left[\frac{\text{月废气排放量}}{\text{(万标立方米)}}\times\frac{\text{由大到小前三项计税污染物}}{\text{月平均浓度值(毫克/标立方米)}}\times 10^{-2}\div\frac{\text{污染当量值}}{\text{(千克)}}\times\frac{\text{具体适用}}{\text{税额}}\right]$$

问题 50 海洋工程环境保护税对于应税水污染物是如何征收的？有何特殊规定？

答：按照原《海洋工程排污费征收办法》，对于水污染物，主要是对生产污水、机舱污水和生活污水征收，且对其中的污染物因子有具体规定。《海洋工程环境保护税申报征收办法》中关于应税水污染物的规定与原排污费征收规定一致。

(1) 对向海洋水体排放生产污水和机舱污水的，按照生产污水和机舱污水中石油类污染物浓度值和排放量折合的污染当量数计征。计算公式为，

$$\text{生产污水和机舱污水应税水污染物应纳税额}=\text{月污水排放量(立方米)}\times\text{污染物月平均浓度值(毫克/升)}\times 10^{-3}\div\text{污染当量值(千克)}\times\text{具体适用税额}$$

(2) 对向海洋水体排放钻井泥浆（包括水基泥浆和无毒复合泥浆）和钻屑的，按照泥浆和钻屑中石油类、总镉、总汞的污染物浓度值和排放量折合的污染当量数计征。计算公式为：

$$\text{钻井泥浆和钻屑应税水污染物应纳税额}$$

$$=\text{钻井泥浆和钻屑排放量(吨)}\times\text{石油类浓度值(毫克/千克)}\times10^{-3}\div\text{污染当量值(千克)}\times\text{具体适用税额}+$$

$$\text{钻井泥浆和钻屑排放量(吨)}\times\text{总镉浓度值(毫克/千克)}\times10^{-3}\div\text{污染当量值(千克)}\times\text{具体适用税额}+$$

$$\text{钻井泥浆和钻屑排放量(吨)}\times\text{总汞浓度值(毫克/千克)}\times10^{-3}\div\text{污染当量值(千克)}\times\text{具体适用税额}$$

(3) 对向海洋水体排放生活污水的，按照生活污水中化学需氧量（CODcr）和排放量折合的污染当量数计征。计算公式为：

$$\text{生活污水应税污染物应纳税额}=\text{月污水排放量(立方米)}\times\text{CODcr 月平均浓度值(毫克/升)}\times10^{-3}\div\text{污染当量值(千克)}\times\text{具体适用税额}$$

问题 51　海洋工程环境保护税对于应税固体废物是如何计算的?

答：原海洋工程排污费仅对生活垃圾征收，因此环境保护税平移了该规定，将生活垃圾纳入征税范围。同时规定其税额标准是按照《环境保护税法》中“其他固体废物”的标准执行。计算公式为：

$$\text{应纳税额}=\text{应税生活垃圾排放量(吨)}\times\text{具体适用税额}$$

问题 52　环境保护费改税后，海洋工程环境保护税如何征收?

答：考虑到海洋工程污染物排放的特殊性，国家海洋局确定由其北海、东海、南海 3 个管理分局分别征收排污费。国家税务总局设立的天津、上海、广州、深圳、湛江、海南 6 个海洋石油税收管理分局，与上述 3 个分局相对应。从便利申报征收原则出发，《海洋工程环境保护税申报征收办法》明确了海洋工程环境保护税由纳税人所属的海洋石油税务管理分局负责征收。如果纳税人同属两个海洋石油税务管理分局管理，则由国家税务总局确定征收机关。

问题 53　海洋工程环境保护税的税额如何确定？

答：基于目前海洋工程应税污染物排放地所在海域省际行政区划工作尚未完成，具体判断所属行政区域难度大，在国家税务总局和国家海洋局又没有税额确定权的情况下，为便利税收征管，《海洋工程环境保护税申报征收办法》第四条规定，海洋工程环境保护税的具体适用税额按照负责征收环境保护税的海洋石油税务（收）管理分局所在地适用的税额标准执行。生活垃圾按照《环境保护税法》中的“其他固体废物”税额标准执行。

第三部分

环境保护税与环境保护管理政策的衔接

问题 54　环境保护税征管与全国污染源普查有什么关系？

答：从国家层面看，污染源普查是关系环保事业的基础性工作，有利于准确把握和研判环境形势。污染源普查形成的一系列成果也是加强环保管理和环境保护税征收的基础。第一次全国污染源普查从 2006 年开始，历时 3 年多，基本摸清了全国污染源排放的基本情况。

污染源普查的重要成果之一是形成了《污染源普查排污系数手册》，包括《农业污染源产排污系数手册》、《工业污染源产排污系数手册》、《城镇生活污染源产排污系数手册》和《集中式污染治理设施污染源产排污系数手册》等。

按照《环境保护税法》的规定，排污系数方法是纳税人计算环境保护税的法定主要方法之一。目前，排污系数的权威依据主要是第一次污染源普查取得的系数。按照排污系数方法征收环境保护税首先要参照《污染源普查排污系数手册》，出台适用规范，赋予其作为计算应税污染物排放量法定依据的地位。

因此，《关于发布计算污染物排放量的排污系数和物料衡算方法的公告》(环境保护部公告 2017 年第 81 号)，明确了纳税人计算应税污染物的适用的排污系数和物料衡算方法。

问题 55　环境保护监测管理有什么要求？

答：根据 2017 年中共中央办公厅、国务院办公厅印发的《关于深化环境监测改革提高环境监测数据质量的意见》的规定，要严格规范排污单位监测行为。

一是落实自行监测数据质量主体责任。排污单位要按照法律法规和相关监测标准规范开展自行监测，制定监测方案，保存完整的原始记录、监测报告，对数据的真实性负责，并按规定公开相关监测信息。对通过篡改、伪造监测数据等逃避监管方式违法排放污染物的，环境保护部门依法实施按日连续处罚。

二是明确污染源自动监测要求。建立重点排污单位自行监测与环境质量监测原始数据全面直传上报制度。重点排污单位应当依法安装使用污染源自动监测设备，定期检定或校准，保证正常运行，并公开自动监测结果。自动监测数据要逐步实现全国联网。逐步在污染治理设施、监测站房、排放口等位置安装视频监控设施，并与地方环境保护部门联网。取消环境保护部门负责的有效性审核。重点排污单位自行开展污染源自动监测的手工比对，及时处理异常情况，确保监测数据完整有效。自动监测数据可作为环境行政处罚等监管执法的依据。

问题 56 《固定污染源烟气排放连续监测技术规范》的实施对纳税人的环境保护税申报有何影响？

答：2018 年 3 月 1 日起实施的《国家污染源烟气排放连续监测技术规范》（中华人民共和国环境保护标准 HJ 75—2017）对纳税人申报缴纳环境保护税和税务机关依法加强征管都具有积极影响。

修改该规范是为了与 2016 年 1 月 1 日起正式实施的《中华人民共和国大

气污染防治法》明确规定的“重点排污单位应当安装、使用大气污染物排放自动监测设备，与环境保护主管部门的监控设备联网，保证监测设备正常运行并依法公开排放信息”“重点排污单位应当对自动监测数据的真实性和准确性负责”相适应，排污单位自动监测的责任主体更加明确。纳税人的环境保护税申报要按照该规范的要求进行。

问题 57　纳税人采购环保设备可以享受哪些税收优惠?

答:《中华人民共和国企业所得税法》第三十四条规定，企业购置用于环境保护、节能节水、安全生产等专用设备的投资额，可以按一定比例实行税额抵免。

《中华人民共和国企业所得税法实施条例》第一百条规定，《中华人民共和国企业所得税法》第三十四条所称税额抵免，是指企业购置并实际使用《环境保护专用设备企业所得税优惠目录》、《节能节水专用设备企业所得税优惠目录》和《安全生产专用设备企业所得税优惠目录》规定的环境保护、节能节水、安全生产等专用设备的，该专用设备的投资额的 10%可以从企业当年的应纳税额中抵免；当年不足抵免的，可以在以后 5 个纳税年度结转抵免。

因此，纳税人采购并使用属于《关于印发节能节水和环境保护专用设备企业所得税优惠目录（2017 年版)》中列举的环境监测设备的，可按 10%比例抵扣企业所得税；当年不足抵免的，可以在以后 5 个纳税年度结转抵免。

问题 58 《中华人民共和国水污染防治法》中的法律责任规定与《环境保护税法》中的应税污染物计算紧密关联的主要条文有哪些?

答:《中华人民共和国水污染防治法》第八十二条规定:

违反本法规定,有下列行为之一的,由县级以上人民政府环境保护主管部门责令限期改正,处二万元以上二十万元以下的罚款;逾期不改正的,责令停产整治:

(1)未按照规定对所排放的水污染物自行监测,或者未保存原始监测记录的;

(2)未按照规定安装水污染物排放自动监测设备,未按照规定与环境保护主管部门的监控设备联网,或者未保证监测设备正常运行的;

(3)未按照规定对有毒有害水污染物的排污口和周边环境进行监测,或者未公开有毒有害水污染物信息的。

第八十三条规定:

违反本法规定,有下列行为之一的,由县级以上人民政府环境保护主管部门责令改正或者责令限制生产、停产整治,并处十万元以上一百万元以下的罚款;情节严重的,报经有批准权的人民政府批准,责令停业、关闭:

(1)未依法取得排污许可证排放水污染物的;

(2)超过水污染物排放标准或者超过重点水污染物排放总量控

制指标排放水污染物的；

（3）利用渗井、渗坑、裂隙、溶洞，私设暗管，篡改、伪造监测数据，或者不正常运行水污染防治设施等逃避监管的方式排放水污染物的；

（4）未按照规定进行预处理，向污水集中处理设施排放不符合处理工艺要求的工业废水的。

这两条环保管理处罚规定，与《环境保护税法实施条例》第七条紧密关联，纳税人应以其当期应税大气污染物、水污染物的产生量作为污染物的排放量。

问题 59　哪些纳税人应当采用自动监测方法计算环境保护税？

答：重点排污单位应当安装自动监控设备，计算环境保护税。

（1）法规依据。《中华人民共和国环境保护法》第四十二条规定，重点排污单位应当按照国家有关规定和监测规范安装使用监测设备，保证监测设备正常运行，保存原始监测记录。《中华人民共和国大气污染防治法》第二十四条规定，重点排污单位名录由设区的市级以上地方人民政府环境保护主管部门按照国务院环境保护主管部门的规定，根据本行政区域的大气环境承载力、重点大气污染物排放总量控制指标的要求以及排污单位排放大气污染物的种类、数量和浓度等因素，商有关部门确定，并向社会公布。

（2）具体规定。《关于加快重点行业重点地区的重点排污单位自动监控工作的通知》（环办环监〔2017〕61 号）对重点排污单位予以明确，主要包括：

①钢铁、火电、水泥、电解铝、平板玻璃、造纸、印染、污水处理厂、

生活垃圾焚烧发电厂（已布置）等9个行业企业；

②长江经济带化工企业及化工园区污水处理厂；

③氮磷排放重点行业中的重点排污单位；

④省级及以上工业集聚区污水集中处理设施。

问题60　关于排污单位的环境影响评价，有哪些具体规定？

答：根据《中华人民共和国环境影响评价法》第十六条的规定，国家根据建设项目对环境的影响程度，对建设项目的环境影响评价实行分类管理。建设单位应当按照下列规定组织编制环境影响报告书、环境影响报告表或者填报环境影响登记表（以下统称环境影响评价文件）：

（1）可能造成重大环境影响的，应当编制环境影响报告书，对产生的环境影响进行全面评价；

（2）可能造成轻度环境影响的，应当编制环境影响报告表，对产生的环境影响进行分析或者专项评价；

（3）对环境影响很小、不需要进行环境影响评价的，应当填报环境影响登记表。

建设项目的环境影响评价分类管理名录，由国务院环境保护行政主管部门制定并公布。

POLICY AND COLLECTION FOR

ENVIRONMENTAL
PROTECTION TAX:

100 QUESTIONS AND ANSWERS

第四部分

环境保护税征收管理知识

问题 61　环境保护税纳税人在征收管理上是如何具体确定的?

答：环境保护税税制设计平移并优化了原排污收费制度，目前的纳税人绝大部分还是原排污收费的缴费人。

按照《环境保护税法实施条例》第十九条的规定，税务机关应当依据环境保护主管部门交送的排污单位信息进行纳税人识别。

在环境保护主管部门交送的排污单位信息中没有对应信息的纳税人，由税务机关在纳税人首次办理环境保护税纳税申报时进行纳税人识别，并将相关信息交送环境保护主管部门。

问题 62　《环境保护税法》规定了建立信息共享平台的要求，共享平台是如何运行的?

答：依据《环境保护税法》第十五条的规定，环境保护主管部门和税务机关应当建立涉税信息共享平台和工作配合机制。目前，税务部门已经与环保部门建立了信息共享及协助机制，满足税收征管的需要。

共享平台建设重点工作包括税务端的数据交换系统、环保端的数据交换系统、连接双方前置系统的网络专线及中间件等方面的软件开发部署以及税务、环保共享数据的标准化处理。

环保部门的历史排污费征收数据为一次性迁入，排污许可证数据、污染源基础信息、在线监测数据、监督性监测数据以及环保部门的执法监测信息，在后续实时（或定期）传送。

问题 63　税务机关和环境保护主管部门的信息共享对纳税人的环保管理有什么启示？

答：《环境保护税法》是第一部写入部门协作的税法，这体现了环境保护税管理的特殊性，对于纳税人加强自身环保管理也具有示范性意义。原排污费征收制度下一般由企业的安全环保部门与环境保护主管部门联系确定污染物的排放量以及应缴纳的排污费数额，企业的财务部门负责去银行缴纳相应的排污费，但企业财务部门对于污染物的排放量如何计算不是非常了解。

环境保护税对于基层税务机关和纳税人的财务管理部门而言都是新生事物，税务机关和环境保护主管部门需要合作，纳税人内部的安全环保部门和财务部门同样需要加强沟通和协作，共同确保环境保护税计算的准确性。

问题 64　根据目前的规定，哪些情形不需要提请环境保护主管部门复核？

答：按照《环境保护税法》第二十条和《环境保护税法实施条例》第二十一条的规定，税务机关应当将纳税人申报数据与环境保护主管部门交送的相关数据进行比对，比对不一致的，按照环境保护主管部门交送的数据确定应税污染物计税依据。出现下列情形之一的，税务机关不需要提请环境保护主管部门复核：

(1) 纳税人按照自动监测数据、机构监测数据计算应税污染物排放量的，税务机关以环境保护主管部门交送的应税污染物排放种类和数量确定应税污染物的计税依据。

(2) 持有排污许可证的纳税人，以排污系数、物料衡算方法计算应税污染物排放量的，税务机关以环境保护主管部门交送的纳税人排污许可执行报告数据确定应税污染物的计税依据。

(3) 纳税人未按照规定期限办理纳税申报，环境保护主管部门交送的数据中有对应纳税人排放污染物种类和数量信息的，税务机关责令纳税人限期申报，并根据税收征管有关规定处理；

(4) 纳税人已办理纳税申报，环境保护主管部门交送的数据中无对应纳税人排放污染物种类和数量，税务机关发现纳税人申报数据异常的，按照税收征管有关规定进行税收风险评估，纳税人有正当理由的，消除风险疑点。

问题 65　环境保护税征管涉及税务、环保两个部门，如果发生征纳税争议，纳税人提起行政复议或诉讼的对象是谁？

答：《环境保护税法》第十四条规定，环境保护税由税务机关依照税收征收管理法和该法的有关规定征收管理，环境保护主管部门依照该法和有关环境保护法律法规的规定负责对污染物的监测管理。《中华人民共和国行政复议法实施条例》第十一条规定，公民、法人或者其他组织对行政机关的具体行政行为不服，依照行政复议法和本条例的规定申请行政复议的，作出该具体行政行为的行政机关为被申请人。《中华人民共和国行政诉讼法》第二十六条规定，公民、法人或者其他组织直接向人民法院提起诉讼的，作出行政行为的行政机关是被告。根据上述法律法规的规定，如果发生征纳税争议，纳税人行政复议或诉讼对象是作出具体税收征管行政行为的税务机关。

按照《中华人民共和国行政复议法》第十二条的规定，对县级以上地方各级人民政府工作部门的具体行政行为不服的，由申请人选择，可以向该部门的本级人民政府申请行政复议，也可以向上一级主管部门申请行政复议。从便于解决征纳双方争议的角度看，建议向该部门的同级人民政府提起，发挥地方政府在环境保护税征收管理中的领导作用，及时协调解决难点问题。

问题 66　某火电企业，企业总部在市区，但电厂在该市所辖某县，之前主要缴纳废气排污费，现在环境保护税在哪里申报缴纳?

答:《环境保护税法》第十七条规定，纳税人应当向应税污染物排放地的税务机关申报缴纳环境保护税。

《环境保护税法实施条例》第十七条规定，《环境保护税法》第十七条所称应税污染物排放地是指:

(1) 应税大气污染物、水污染物排放口所在地;
(2) 应税固体废物产生地;
(3) 应税噪声产生地。

因此，该火电企业应在电厂所在的县地方税务机关申报缴纳环保税。

问题 67　其他税种都有核定征收税款的情形，环境保护税作为一个比较特殊的税种，对核定征收是如何规定的？

答：(1)《中华人民共和国税收征收管理法》关于核定的规定。

> 第三十五条　纳税人有下列情形之一的，税务机关有权核定其应纳税额：
>
> (1) 依照法律、行政法规的规定可以不设置账簿的；
> (2) 依照法律、行政法规的规定应当设置账簿但未设置的；
> (3) 擅自销毁账簿或者拒不提供纳税资料的；
> (4) 虽设置账簿，但账目混乱或者成本资料、收入凭证、费用凭证残缺不全，难以查账的；
> (5) 发生纳税义务，未按照规定的期限办理纳税申报，经税务机关责令限期申报，逾期仍不申报的；
> (6) 纳税人申报的计税依据明显偏低，又无正当理由的。
>
> 税务机关核定应纳税额的具体程序和方法由国务院税务主管部门规定。

(2)《环境保护税法》关于核定计算的规定。

> 第二十一条　依照本法第十条第四项的规定核定计算污染物排放量的，由税务部门会同环境保护主管部门核定污染物排放种类、数量和应纳税额。

《环境保护税法》关于核定计算的规定有以下几个特点：

一是环境保护税的核定与抽样测算计算方法密切相关，需要会同环境保护部门核定计算。结合《环境保护税法》第十条和第二十一条的规定，首先需要省级环境保护主管部门出台抽样测算方法，具体核定需要税务机关会同环保部门共同开展。

二是与税法规定的复核情形密切相关。《环境保护税法》第二十条第二款规定的需要提请环保部门复核的情形与《中华人民共和国税收征收管理法》第三十五条第六项、第七项规定的情形类似。这两项法定的复核情形，税务机关需要按照环境保护主管部门复核的数据资料调整纳税人的应纳税额。因此，这实际上是将税务机关的部分核定权交由环境保护主管部门行使。

问题 68　2017 年底前的排污费如何缴纳？

答：根据《关于停征排污费等行政事业性收费有关事项的通知》（财税〔2018〕4 号）的规定，各执收部门要继续做好 2018 年 1 月 1 日前排污费和海洋工程污水排污费征收工作，抓紧开展相关清算、追缴，确保应收尽收。

因此，2018 年以前的排污费仍然需要向环保部门缴纳。

问题 69　某企业 2017 年前是挥发性有机物排污收费试点单位，2018 年 1 月 1 日后是否需要按照试点文件缴纳环境保护税？

答：该企业不需要按照试点文件缴纳环境保护税。根据《关于停征排污费等行政事业性收费有关事项的通知》（财税〔2018〕4 号）第四条的规定，自停征排污费和海洋工程污水排污费之日起，《财政部 国家发展改革委 国家环境保护总局关于减免及缓缴排污费等有关问题的通知》（财综〔2003〕38 号）、《财政部 国家发展改革委 环境保护部关于印发〈挥发性有机物排污收费试点办法〉的通知》（财税〔2015〕71 号）、《财政部 国家计委关于批准收取海洋工程污水排污费的复函》（财综〔2003〕2 号）等文件同时废止。

问题 70　环境保护税具有特殊性，政策与以前的排污费政策差别较大，企业在申报过程中如果有不清楚的地方，该怎么办？

答：《环境保护税法实施条例》第二十三条规定，税务机关、环境保护主管部门应当无偿为纳税人提供与缴纳环境保护税有关的辅导、培训和咨询服务。同时，纳税人可以到税务机关办税服务大厅咨询计算申报问题，到环境保护部门咨询环保监测管理问题，也可以通过 12366 纳税服务热线和 12369 环保服务热线咨询。

POLICY AND COLLECTION FOR
ENVIRONMENTAL PROTECTION TAX:
100 QUESTIONS AND ANSWERS

第五部分

纳税申报表的填写

一、纳税申报表基础

问题 71 《环境保护税纳税申报表》的主要构成是什么?

答:《环境保护税纳税申报表》分为 A 类申报表——《环境保护税纳税申报表(A 类)》与 B 类申报表——《环境保护税纳税申报表(B 类)》。其中,A 类申报表还包括 5 张附表,即附表 1.1《环境保护税按月计算报表(大气污染物适用)》、附表 1.2《环境保护税按月计算报表(水污染物适用)》,附表 1.3《环境保护税按月计算报表(固体废物适用)》、附表 1.4《环境保护税按月计算报表(噪声适用)》、附表 1.5《环境保护税减免税明细计算报表》。

问题 72 《环境保护税纳税申报表》是如何适用的?

答:(1) A 类申报表。采用主表+附表的结构,包括 1 张主表和 5 张附表,适用于通过自动监测、监测机构监测、排污系数和物料衡算法计算污染物排放量的纳税人。

主表是《环境保护税纳税申报表(A 类)》,用于纳税人对按月计算的明细数据进行季度汇总申报。

附表用于纳税人分类按月计算应税污染物排放量。纳税人享受减免税优惠的,需填报减免税明细计算报表。其中,

附表 1.1 适用于对大气污染物按月明细计算排放量;附表 1.2 适用于对水

污染物按月明细计算排放量；附表 1.3 适用于对固体废物按月明细计算排放量；附表 1.4 适用于对工业噪声按月明细计算排放量；附表 1.5 适用于享受减免税优惠纳税人的减免税明细计算申报。

(2) B 类申报表。《环境保护税纳税申报表 (B 类)》适用于除 A 类申报之外的其他纳税人，包括按次申报纳税人、适用《环境保护税法》所附《禽畜养殖业、小型企业和第三产业水污染物当量值》表的纳税人和采用抽样测算方法计算污染物排放量的纳税人。除按次申报外，纳税人应按月填报 B 类表，按季申报。

问题 73 《环境保护税基础信息采集表》是如何构成的？如何适用？

答：《环境保护税基础信息采集表》用于一次性采集纳税人环境保护税基础信息，包括 1 张主表和 4 张附表。

(1) 主表是《环境保护税基础信息采集表》，用于采集纳税人基本信息、主要污染物类别以及应税污染物排放口等相关信息项。

(2) 附表用于采集纳税人各类应税污染物的相关信息以及污染物排放量计算方法。其中，

附表 3.1 用于采集应税大气污染物、水污染物相关基础信息；附表 3.2 用于采集应税固体废物相关基础信息；附表 3.3 用于采集应税噪声相关基础信息；附表 3.4 用于采集纳税人产排污系数等相关基础信息。

纳税人应根据实际排放污染物类别，向主管税务机关一次性报送应税污染物的基础信息采集表和相应附表。

纳税人基础信息发生变化的，应及时向主管税务机关申报办理变更手续。

问题 74　环境保护税 A 类纳税申报表与基础信息采集表均采用主表＋附表的设计结构，主要出于什么考虑？

答：一是可满足按月计算、按季申报的税法要求。环境保护税 A 类申报表附表主要满足纳税人按月明细计算需求，主表主要满足季度汇总申报需要，主表、附表不仅各自功能定位清晰，而且通过附表数据自动带入主表，既减少纳税人填报数据项，又降低纳税人填报失误率。

二是可有效简化报表内容，减轻纳税人填报负担。由于对不同应税污染物的申报数据项要求各不相同，申报数据归集在一张表上会导致报表结构内容过于复杂。采用主表＋附表的设计结构，纳税人只需根据其排放的应税污染物，选择填报相应附表即可，既简化清晰报表内容，又减轻纳税人填报负担。

问题 75　与原排污费报表相比，环境保护税纳税申报表在设计上能否减轻填报负担？

答：现在的纳税申报表极大地减轻了填报负担，主要表现在以下两个方面：

一是环境保护税报表分为纳税申报表与基础信息采集表两部分。排放口、排污许可证数据等基础信息，由基础信息采集表一次性采集，纳税人在每次申报时只需在纳税申报表中填写诸如浓度值、排放量等动态数据信息即可，基础信息采集表中已采集的污染源信息项，可自动带入申报表。

二是纳税申报表与基础信息采集表均采用了主表＋附表的设计结构，纳税人只需根据其排污应税污染物选择相应附表填报即可，有效减少纳税人填报报表数量。纳税申报表主表可自动汇总生成，不需要填写，有效减少纳税人填报数据项。

问题 76　环境保护税纳税申报表能否满足不同纳税人的申报需要?

答：环境保护税纳税申报表将原来排污费报表按照行业管理优化为按照排放污染物类型管理，各行业纳税人（含海洋工程等特殊类型企业），以及采用不同污染物排放量计算方法的纳税人，均可方便地通过这套申报表完成环境保护税的纳税申报。

根据《环境保护税法》及其实施条例的规定，享受减免税优惠纳税人按每一排放口排放的不同应税污染物分别计算申报减免税，为此，专门设计了《环境保护税减免税明细计算报表》，既满足减免税政策落地的要求，又方便纳税人在纳税申报的同时完成减免税申报，无须专门办理减免税备案手续。

二、《环境保护税基础信息采集表》的填报

问题 77　按次申报的纳税人或因偶发的环保税征税事项需临时上门申报的纳税人是否需要填写《环境保护税基础信息采集表》？

答：按次申报不填基础信息采集表。

问题 78　如何理解《环境保护税基础信息采集表》中的“是否采用抽样测算法计算”栏？

答：“是否采用抽样测算法计算”为单项选择项，分为“是”或“否”。按照《环境保护税法》第十条第四项的规定，属于《环境保护税法》所附《禽畜养殖业、小型企业和第三产业水污染物污染当量值》表及所在省级环境保护主管部门制定的抽样测算法确定的，纳税人勾选“是”，否则勾选“否”。

问题 79　《环境保护税基础信息采集表》中的“税源编号”栏应如何填写？

答：纳税人首次申报时，由税务机关的征管信息管理系统根据纳税人的排放口信息赋予编号，包括各附表的税源编号。纳税人首次申报或新增排放口（噪声源）的无须填写，当发生税源变更情形时须填写该项。

问题 80 《环境保护税基础信息采集表》中的“排放口或噪声源编号”栏应如何填写?

答：纳税人取得排污许可证的，填写排污许可证载明的大气污染物、水污染物排放口编号；无排污许可证的，按排放口规范化整治的大气污染物、水污染物排放口编号填报。

问题 81 如何选择填写《大气、水污染物基础信息采集表》中“污染物排放量计算方法”的“包括自动监测、监测机构监测、排污系数、物料衡算”栏?

答：该栏是单项选择项，根据纳税人每一征收品目（污染物名称）填写其实际使用的计算方法，包括自动监测、监测机构监测、排污系数和物料衡算。

问题 82 如何填写《大气、水污染物基础信息采集表》中的“执行标准”栏?

答：按照孰严原则选择填写国家或地方污染物排放标准名称及编号。海洋工程纳税人排放应税大气污染物或水污染物，无对应国家和地方标准的，此栏可不填写。

问题 83 如何填写《大气、水污染物基础信息采集表》中的“标准浓度值”栏?

答：填写执行标准对应的浓度值。海洋工程纳税人排放应税大气污染物或水污染物，无对应国家和地方标准的，此栏可不填写。

问题 84　如何填写《噪声基础信息采集表》中的“功能区类型”栏？

答：“功能区类型”：填写“0 类”、“1 类”、“2 类”、“3 类”、“4a 类”或“4b 类”。0 类声环境功能区指康复疗养区等特别需要安静的区域；1 类声环境功能区指以居民住宅、医疗卫生、文化教育、科研设计、行政办公为主要功能，需要保持安静的区域；2 类声环境功能区指以商业金融、集市贸易为主要功能，或者居住、商业、工业混杂，需要维护住宅安静的区域；3 类声环境功能区指以工业生产、仓储物流为主要功能，需要防止工业噪声对周围环境产生严重影响的区域；4 类声环境功能区指交通干线两侧一定距离之内，需要防止交通噪声对周围环境产生严重影响的区域，包括 4a 类和 4b 类，4a 类为高速公路、一级公路、二级公路、城市快速路、城市主干路、城市次干路、城市轨道交通（地面段）、内河航道两侧区域，4b 类为铁路干线两侧区域。

问题 85　如何填写《产排污系数基础信息采集表》中的“计税基数”栏？

答：“计税基数（产品产量或原料耗用量）”一栏，按照纳税人适用的产排污系数表中“单位”一栏的分母项填写，如《关于发布计算污染物排放量的排污系数和物料衡算方法的公告》（环境保护部公告 2017 年第 81 号）附件中的“吨一产品”一栏。详见下表。

烟煤和无烟煤的开采洗选业产排污系数表（续1）*

产品名称	原料名称	工艺名称	规模等级	污染物指标	单位	产污系数	末端治理技术名称	排污系数
烟煤和无烟煤	烟煤和无烟煤	井工开采炮采	≥120万吨/年	工业废水量	吨/吨—产品	4.0① 2.5② 0.8③	化学混凝沉淀法	2.0① 1.05② 0.12③
				化学需氧量	克/吨—产品	350① 281② 110③	化学混凝沉淀法	50① 39② 5.2③
				石油类	克/吨—产品	6.2① 5.25② 5.15③	化学混凝沉淀法	1.780① 1.737② 0.462③
		井工开采综采	30～120万吨/年	工业废水量	吨/吨—产品	4.0① 2.0② 0.81③	化学混凝沉淀法	2.4① 1.04② 0.15③
				化学需氧量	克/吨—产品	450① 272② 142③	化学混凝沉淀法	144① 70② 10.1③
				石油类	克/吨—产品	6.5① 6.3② 6.1③	化学混凝沉淀法	3.05① 2.35② 0.845③

* 此表为节选，全文见环境保护部公告2017年第81号。

三、纳税申报表的填报

问题 86　《环境保护税纳税申报表（A 类）》如何填报？

答：在网上申报中，《环境保护税纳税申报表（A 类）》相关数据项由附表或者基础信息采集表带出，不需要纳税人填写。在办税大厅申报中，纳税人需先填写附表，再根据表间对应关系，分排放口以及污染物种类合计填报。要点如下：

其一，适用于按照《环境保护税法》第十条自动监测、监测机构监测（包括自行监测）、排污系数和物料衡算方法计算应税污染物排放量的纳税人填报。

其二，第 1 栏“税源编号”：由税务机关通过征管系统根据纳税人的排放口信息赋予编号。

其三，第 3 栏“税目”：按照《环境保护税法》附表一的四类污染物填写，分别具体填写“大气污染物”“水污染物”“固体废物（煤矸石）”“固体废物（尾矿）”“固体废物（危险废物）”“固体废物（冶炼渣）”“固体废物（粉煤灰）”“固体废物（炉渣）”“固体废物（其他固体废物）”“噪声（工业噪声）”。

其四，第 4 栏“污染物名称”：应税大气污染物和水污染物根据《环境保护税法》附表二的污染物名称填写。应税固体废物根据《环境保护税法》附表一填写，其中：税目为“固体废物（危险废物）”的，按照《国家危险废物名录》中的相应代码填写；税目为“固体废物（其他固体废物）”的，按照其他应税固体废物具体名称填写。噪声填写“工业噪声超标 1～3 分贝”“工业噪声超标 4～6 分贝”“工业噪声超标 7～9 分贝”“工业噪声超标 10～12 分贝”、“工业噪声超标 13～15 分贝”、“工业噪声超标 16 分贝以上”。从事海洋工程的纳税人排放应税大气污染物的，填写大气污染物具体名称，如“二氧化硫—海洋工程（气)”“氮氧化物—海洋工程(气)”“一氧化碳—海洋工程（气)”等；从事海洋工程的纳税人排放应税水污染物的，填写海洋工程相应水污染物名称：“石油类—海洋工程(生产污水和机舱污水)”“石油类—海洋工程（钻井泥浆和钻屑)”“总汞—海洋工程（钻井泥浆和钻屑)” “总镉—海洋工程（钻井泥浆和钻屑)”“化学需氧量（CODcr）—海洋工程（生活污水)”；从事海洋工程的纳税人排放生活垃圾的，填写“生活垃圾—海洋工程”。

其五，第 5 栏“计税依据或超标噪声综合系数”：根据附表 1.1 至附表 1.5，按具体的污染物名称合计填写。应税大气污染物、水污染按污染当量数计算填写；应税固体废物按排放量计算填写；噪声按照附表 1.4《环境保护税按月计算报表（噪声适用)》中的第 13 栏“超标噪声综合系数”合计填写。

表间对应关系：当为应税大气污染物、水污染物、固体废物时，(7) 本期应纳税额＝(5) 计税依据×(6) 单位税额；当为工业噪声时，(7) 本期应纳税额＝(5) 超标噪声综合系数×(6) 单位税额。超标噪声综合系数对应附表 1.4《环境保护税按月计算报表（噪声适用)》的第 13 项。

其六，第 8 栏“本期减免税额”：按照附表 1.5《环境保护税减免税明细计算报表》第 15 栏“本期减免税额”分污染物名称的合计数填写。

问题 87　纳税人采用《环境保护税法》第十条前三项和第四项规定的抽样测算方法计算环境保护税的，是否应分别填报环保税纳税申报表 A 表和 B 表？

答：应填写分别填报环保税纳税申报表 A 表和 B 表。

问题 88　纳税申报表附表 1.1《环境保护税按月计算表（大气污染物适用）》的填报有哪些注意事项？

答：该表用于计算应税水污染物的污染当量数的计算。

(1)“税源编号”“排污口名称”“污染物名称”与主表相同。

(2)“污染物排放量计算方法”按照实际情况填写“自动监测”、“监测机构监测”、“排污系数”或“物料衡算”。

(3) 关于“排污系数”。当“污染物排放量计算方法”是自动监测或监测机构监测时，需填写“废气排放量”和“实测浓度值”两栏，无须填写“计算基数”“产污系数”“排污系数”“污染物单位”栏次。

(4) 关于“计算基数”“产污系数”“排污系数”“污染物单位”四个项目的填写。“计算基数”“产污系数”“排污系数”“污染物单位”按照《关于发布计算污染物排放量的排污系数和物料衡算方法的公告》(环境保护部公告 2017 年第 81 号) 等文件的规定填写。“计算基数”填写产品产量值或原材料耗用值，具体按照该公告中的“规模等级”一栏填写。“产污系数”和“排污系数”按照该公告中的“产污系数”“排污系数”栏填写，且每行只允许填写其中一项。其中，存在《环境保护税法实施条例》第七条规定情形的，以其应税大气污染物、水污染物的产生量作为污染物的排放量，应当填写“产污系数”一栏。

(5) 表间逻辑关系。第 12 栏“污染物排放量”：采用自动监测方法计算污染物排放量的，按照自动监测仪器当月读数填写，此时，该栏可不等于第 6 栏×第 7 栏。采用监测机构监测方法计算污染物排放量的，污染物排放量＝废气排放量×实测浓度值÷100（注意：将污染物排放量换算成千克）。采用排污系数方法计算污染物排放量的，污染物排放量＝计算基数×排污系数（或产污系数）×换算值 N（注意：将污染物排放量换算成千克）。“污染物单位”为吨时，N 为 1 000；“污染物单位”为千克时，N 为 1；“污染物单位”为克时，N 为 0.001；“污染物单位”为毫克时，N 为 0.000 001。采用物料衡算方法计算污染物排放量的，按纳税人适用的物料衡算方法计算填写污染物排放量（注意：将污染物排放量换算成千克）。

问题 89　纳税申报表附件 1 中附表 1.2《环境保护税按月计算报表（水污染物适用）》的填报有哪些注意事项？

答：(1) 第 4 栏“种类”：按照《环境保护税法》第九条的规定，具体填写“第一类水污染物”或“其他类水污染物”。

(2) 第 5 栏“污染物名称”：按照《环境保护税法》附表二填写，其中应当注意的是，当污染物是“pH 值”时，根据实测 pH 值对应填写“pH 值(0～1，13～14)”“pH 值（1～2，12～13)”“pH 值（2～3，11～12)”“pH 值（3～4，10～11)”“pH 值（4～5，9～10)”“pH 值（5～6)”。

(3) 第6栏“污染物排放量计算方法”：按照《环境保护税法》第十条的规定，填写“自动监测”、“监测机构监测”、“排污系数”或“物料衡算”。

(4) 第7栏“污水排放量”和第8栏“实测浓度值”：只有采用的污染物排放量计算方法为“自动监测”或“监测机构监测”的才填写，具体按照自动监测仪器当月读数和监测机构出具的报告填写。

(5) 第9栏“计算基数”、第10栏“产污系数”、第11栏“排污系数”、第12栏“污染物单位”：只有在采用产排污系数计算时才填写上述四栏。具体按照《关于发布计算污染物排放量的排污系数和物料衡算方法的公告》(环境保护部公告2017年第81号）的要求选择适用填写。第10栏和第11栏互斥，只允许填写一项。

问题90　纳税申报表附件1中附表1.2《环境保护税按月计算报表（水污染物适用)》的“污染物排放量”栏的填报有哪些注意事项？

答：附表1.2《环境保护税按月计算报表（水污染物适用)》中第13栏“污染物排放量”按照纳税人适用的计算方法确定。

(1) 采用自动监测方法计算污染物排放量的，按照自动监测仪器当月读数填写，此时，该栏可不等于第7栏×第8栏，这是根据自动监测设备的设计要求确定的。

(2) 采用监测机构监测方法计算污染物排放量的，污染物排放量＝污水排放量×实测浓度值÷1 000（注意：将污染物排放量换算成千克)。

(3) 采用排污系数方法计算污染物排放量的，污染物排放量＝计算基数×排污系数（或产污系数）×换算值 N（注意：将污染物排放量换算成千克)。

(4) 采用物料衡算方法计算污染物排放量的，按纳税人适用的物料衡算方法计算填写污染物排放量（注意：将污染物排放量换算成千克)。

(5) 当污染物是“pH 值”“大肠菌群数（超标)”“余氯量（用氯消毒的医院废水)”时，污染物排放量＝污水排放量（注意：将污染物排放量换算成吨)。当污染物是“色度”时，污染物排放量＝污水排放量（注意：将污染物排放量换算成吨)×色度超标倍数。

问题 91　纳税申报表附件 1 中附表 1.3《环境保护税按月计算报表（固体废物适用)》的填报有哪些注意事项？

答：该表主要用于计算固体废物产生量减除贮存量、处置量后的应税固体废物排放量，固体废物综合利用量填写在附表 1.5《环境保护税减免税明细计算报表》第 13 栏“污染当量数与或综合利用量”。

“污染物类别”分为“固体废物类别”和“固体废物名称或危险废物代码”两栏填写，对应纳税申报表主表“污染物类别”一栏。

其中，第 2 栏“固体废物类别”：按行单项填写“煤矸石”“尾矿”“危险废物”“冶炼渣”“粉煤灰”“炉渣”“其他固体废物（含半固态、液态废物)”；海洋工程纳税人排放生活垃圾的，填写“生活垃圾—海洋工程”。

第 3 栏“固体废物名称或危险废物代码”：固体废物类别为“其他固体废物（含半固态、液态废物）”的，填写其他固体废物的具体名称；固体废物类别为“危险废物”的，按照《国家危险废物名录》中的相应代码填写。

问题 92　纳税申报表附件 1 中附表 1.4《环境保护税按月计算报表（噪声适用）》的填报有哪些注意事项？

答：该表的填报主要注意 3 个系数的计算。按照《环境保护税法》附表，第 10 栏“超标天数”系数一栏，声源昼或夜超标不足 15 天的，该栏填写“0.5”；超过 15 天的填写“1”。第 12 栏“边界超标系数”，沿边界长度超过 100 米有两处以上噪声超标的，填写“2”，其余填写“1”。第 13 栏超标噪声综合系数，为第 10 栏“超标天数”与第 12 栏“边界超标系数”的乘积，对应主表第 5 栏。

问题 93　纳税申报表附件 1 中附表 1.5《环境保护税减免税明细计算报表》的填报有哪些注意事项？

答：该表用于各类污染物减免税的明细申报。重点是第 13 栏和第 15 栏的填写。

第 13 栏“污染当量数或综合利用量”：应税大气污染物、水污染物填写实际排放应税污染物的污染当量数；享受固体废物综合利用税收优惠的，填写固体废物综合利用量。

第 15 栏“本期减免税额”：享受大气污染物、水污染物减免税优惠的，本期减免税额＝“应税大气污染物、水污染物的污染当量数”×“单位税额”×N（N为减免幅度，包括25%、50%、100%）；享受固体废物综合利用税收优惠的，本期减免税额＝“固体废物的综合利用量”×“单位税额”。

表间逻辑关系：该表第15栏“本期减免税额”对应主表第8栏“本期减免税额”。

问题94　纳税申报表附件2《环境保护税纳税申报表（B类）》的主要应用范围是什么?

答：纳税申报表附件2《环境保护税纳税申报表（B类）》适用于按照《环境保护税法》第十条第四项方法计算应税污染物排放量或适用《环境保护税法》所附《禽畜养殖业、小型企业和第三产业水污染物当量值》表的纳税人，以及按次申报的纳税人。需要注意的是，按次申报的纳税人，无须填写第1、5、6、7、8栏。

问题95　适用纳税申报表附件2《环境保护税纳税申报表（B类）》计算环境保护税的纳税人应如何计算？请举例说明。

答：计算的关键在于第9栏的计税依据，具体可以分为两种情况：

一是《环境保护税法》所附《禽畜养殖业、小型企业和第三产业水污染物当量值》中的计算公式。具体计税依据的确定采用除法，举例如下：

如某存栏量5 000头猪的禽畜养殖业纳税人，采用该表申报时，“税目”

栏应填写“水污染物”，“污染物名称”栏应填写“禽畜养殖场（猪）”，“特征指标”栏应填写“猪”，“单位”栏应填写“头”，“特征指标数量栏”应填写“5 000”，“特征系数”栏不填写，“污染当量值（特征值）”栏应填写猪的污染当量值“1”，“计税依据”栏＝“特征指标数量”÷“污染当量值”＝5 000÷1＝5 000。

二是采用抽样测算方法计算的计算公式。计税依据的确定采用乘法，举例如下：

某省环境保护厅公布的抽样测算方法中规定建筑扬尘（按一般性粉尘计）的特征系数为“2 千克/（平方米・月）”，若某建筑施工单位某月施工面积为 10 000 平方米，采用该表申报时，“税目”栏应填写“大气污染物”，“污染物名称”应填写“一般性粉尘”，“特征指标”栏应填写“月施工面积”，“单位”栏应填写“平方米”，“特征指标数量”栏应填写“10 000”，“特征系数”栏应填写“2”，“污染当量值（特征值）”栏应填写一般性粉尘的污染当量值“4”，“计税依据”＝“特征指标数量”×“特征系数”÷“污染当量值”＝10 000×2÷4＝5 000。

POLICY AND COLLECTION FOR

ENVIRONMENTAL PROTECTION TAX:

100 QUESTIONS AND ANSWERS

第六部分

综合案例分析与填报

问题 96　应税大气污染物的环境保护税是如何计算和填报的？请举例说明。

答：举例如下：

(1) 基本情况。某热电有限公司为天然气发电企业，规模为 15MW。天然气通过燃气轮机在燃烧过程中产生烟气，其中含有二氧化硫、氮氧化物、烟尘等污染物，经脱硝系统污染防治措施处理后，废气通过余热锅炉烟气排放口向大气排放。该企业 2017 年 7 月取得排污许可证，排污许可证载明，其大气污染物主要排放口有 1 个，编号为 DA001，按照《排污单位自行监测技术指南》，排放口安装自动监测装置 CEMS（烟气排放连续监测装置），符合国家规定和监测规范。企业监测方案显示，烟气量、氮氧化物连续监测；二氧化硫、烟尘、林格曼黑度手工监测，监测频次为每季度一次。详见表 1。

表 1　　　　排放口 DA001 应税大气污染物

排放口编号	排放口类型	主要污染物	应税污染物
DA001	废气主排口	二氧化硫、氮氧化物、烟尘、林格曼黑度	二氧化硫、氮氧化物、烟尘

2018 年 1 月排放口 DA001 监测数据如下：

①排放总烟气量在线监测数据为 56 966.52 万标立方米；

②氮氧化物在线监测排放量为 10 874.91kg，月均标态浓度值为 27.61mg/m³，当月监测的标态浓度小时均值最高一次为 49.3mg/m³；

③委托第三方监测二氧化硫标态浓度值为 2.2mg/m³；

④委托第三方监测烟尘标态浓度值为 3.51mg/m³。

上述监测数据符合国家和地方环保标准。

该企业适用环境保护税税额为大气污染物每污染当量 6 元。

（2）应纳税额计算。

第一步，计算确定应税污染物排放量。详见表 2。

表 2　　排放口 DA001 大气污染物排放量计算表

大气污染物	氮氧化物	二氧化硫	烟尘
数据来源	自动监测	机构监测	机构监测
烟气排放量（标立方米）	569 665 200		
浓度（mg/L）	27.61	2.2	3.51
1 月排放量（kg）	10 874.91	1 253.26	1 999.52

第二步，确定污染当量值。

查阅《环境保护税法》所附《大气污染物污染当量值表》对应各污染物的污染当量值可知：

二氧化硫污染当量值为 0.95kg，氮氧化物污染当量值为 0.95kg，烟尘污染当量值为 2.18kg。

第三步，计算污染当量数。

DA001 当月排放：

氮氧化物污染当量数＝10 874.91/0.95＝11 447.27

二氧化硫污染当量数＝1 253.26/0.95＝1 319.22

烟尘污染当量数＝1 999.52/2.18＝917.21

第四步，计算应纳税额。

DA001 应纳税额：

氮氧化物应纳税额＝11 447.27×6＝68 683.62(元)

二氧化硫应纳税额＝1 319.22×6＝7 915.32(元)

烟尘应纳税额＝917.21×6＝5 503.26(元)

因此，该排放口应纳税额合计为 82 102.20（元）。

第五步，计算减免税。

企业执行火电厂大气污染物排放标准 GB13223—2011，对应以气体为燃料的锅炉或燃气轮机级标准值为：二氧化硫 35mg/m^3，氮氧化物 50mg/m^3，烟尘 5mg/m^3。

其一，判断是否符合减征条件。需要将各大气污染物排放浓度与排放标准进行比较：

氮氧化物 27.61/50＝55.22%，达到低于国家和地方规定污染物排放标准 30%，但未达到低于国家和地方规定污染物排放标准 50%的条件；且当月最高浓度小时均值为 49.3mg/m^3，低于 50mg/m^3，因此，氮氧化物可享受减按75％征收环境保护税的优惠政策；

二氧化硫2.2/35＝6.29％，达到低于国家和地方规定污染物排放标准50％的条件，可享受减按50％征收环境保护税的优惠政策；

烟尘3.51/5＝70.2％，低于标准的29.8％，未达到减税的标准，不享受减免政策。

其二，计算减征税额。

氮氧化物减征税额＝68 683.62×25％＝17 170.91(元)

二氧化硫减征税额＝7 915.328×50％＝3 957.66(元)

第六步，计算应缴税额。

DA001当月应缴纳的环境保护税额为：82 102.20－17 170.91－3 957.66＝60 973.63（元）。

(3) 纳税申报表填报。

①填报附表1.1。详见表3。

②填报附表1.5。详见表4。

③计算数据并填入主表。详见表5。

表 3

环境保护税按月计算报表

（大气污染物适用）

税款所属期：自 2018 年 1 月 1 日至 2018 年 3 月 31 日

纳税人名称：×××　　　　统一社会信用代码（纳税人识别号）：×××

* 月份	* 税源编号	* 排放口名称	* 污染物名称	* 污染物排放量计算方法	监测计算		排污系数计算				* 污染物排放量（千克）	* 污染当量值（千克）	* 污染当量数
					废气排放量（万标立方米）	实测浓度值（毫克/标立方米）	计算基数	产污系数	排污系数	污染物单位			
(1)	(2)	(3)	(4)	(5)	(6)	(7)	(8)	(9)	(10)	(11)	(12)=(6)×(7)÷100 (12)=(8)×(9)×N (12)=(8)×(10)×N	(13)	(14)=(12)÷(13)
1月		烟气总排口	氮氧化物	自动监测	56 966.52	27.61	—	—	—	—	10 874.91	0.95	11 447.27
1月		烟气总排口	二氧化硫	监测机构监测	56 966.52	2.2	—	—	—	—	1 253.26	0.95	1 319.22
1月		烟气总排口	烟尘	监测机构监测	56 966.52	3.51	—	—	—	—	1 999.52	2.18	917.21

说明：带 * 为必填栏。以下各表同。

表 4

环境保护税减免税明细计算报表

税款所属期：自 2018 年 1 月 1 日至 2018 年 3 月 31 日

纳税人名称：×××　　统一社会信用代码（纳税人识别号）：×××　　金额单位：元至角分

＊月份	税源编号	＊排放口名称	＊税目	＊污染物名称	＊污染物排放量计算方法	监测数据		执行标准	标准浓度值(毫克/升，毫克/标立方米)	污染物排放量（千克）	＊减免性质代码(减免项目名称)	＊污染当量数或综合利用量	＊单位税额	＊本期减免税额
						月均浓度(毫克/升，毫克/标立方米)	最高浓度(毫克/升，毫克/标立方米)							
(1)	(2)	(3)	(4)	(5)	(6)	(7)	(8)	(9)	(10)	(11)	(12)	(13)	(14)	(15)＝(13)×(14) (15)＝(13)×(14)×N
1月	自动生成	烟气总排口	大气污染物	氮氧化物	自动监测	27.61	49.3	GB13233-2011	50	10 874.91	……	2 861.82	6	17 170.91
1月	自动生成	烟气总排口	大气污染物	二氧化硫	监测机构监测	2.2	—	GB13233-2011	35	1 253.26	……	659.61	6	3 957.66

表 5

环境保护税纳税申报表（A 类）

税款所属期：自 2018 年 1 月 1 日至 2018 年 3 月 31 日　　填表日期：2018 年 4 月 10 日　　金额单位：元至角分

* 纳税人名称	（公章）				* 统一社会信用代码（纳税人识别号）				
税源编号	* 排放口名称或噪声源名称	* 税目	* 污染物名称	* 计税依据或超标噪声综合系数	* 单位税额	* 本期应纳税额	本期减免税额	* 本期已缴税额	* 本期应补（退）税额
（1）	（2）	（3）	（4）	（5）	（6）	（7）=（5）×（5）	（8）	（9）	（10）=（7）−（8）−（9）
	烟气总排口	大气污染物	氮氧化物	11 447.27	6	68 683.62	17 170.91	0	51 512.71
	烟气总排口	大气污染物	二氧化硫	1 319.22	6	7 915.32	3 957.66	0	3 957.66
	烟气总排口	大气污染物	烟尘	917.21	6	5 503.26	0	0	5 503.26
合计	—	—	—	—	—	82 102.20	21 128.57		60 973.63
授权声明	如果你已委托代理人申报，请填写下列资料：为代理一切税务事宜，现授权（地址）　（统一社会信用代码）　为本纳税人的代理申报人，任何与本申报表有关的往来文件，都可寄予此人。授权人签字：				* 申报人声明	本纳税申报表是根据国家税收法律法规及相关规定填写的，是真实的、可靠的、完整的。声明人签字：			

经办人：　　主管税务机关：　　受理人：　　受理日期：　　年　　月　　日

本表一式两份，一份纳税人留存，一份税务机关留存。

（4）简要分析。

①纳税人持有排污许可证的，按照排污许可证载明的污染物排放口确定应税排放口。不同排放口分别计算。

②在自动监测数据有效的前提下，应税污染物的排放量为自动监测数据显示的当月的排放量。注意，如果自动监测数据显示的污染物月均浓度值为算术平均值，以烟气总排放量乘以月均浓度值得出的结果并非实际排放量。

③自动监测数据应当符合污染物排放监测规范要求。对因自动监控设备发生故障以及其他情况导致数据缺失的按照 HJ/T75 进行补遗，补遗数据视同在线监测数据。缺失时段超过 25％的，自动监测数据不能作为核算实际排放量的依据。

④对于污染物排放监测规范中要求将排放浓度按标准气压、温度进行折算的，以折算后的排放浓度作为计算的依据。

⑤企业享受环保税减征优惠，除了月均浓度达到低于国家和地方规定的污染物排放标准 50％、30％的比例外，当月监测的大气污染物每一次浓度小时均值都不得超过排放标准。

问题 97　应税水污染物的环境保护税是如何计算和填报的？请以工业污水集中处理厂为例加以说明。

答：举例如下：

(1) 纳税人基本情况。A 公司是为某市经济开发区配套的工业污水处理厂，尾水经排江总管排入内河。污水总排口为 WS-01，安装有流量计，化学需氧量（CODcr）、氨氮、总磷由自动监测设施进行实际监测，并与环境保护主管部门联网，其他污染物因子自行委托第三方监测机构监测。该企业适用的税额标准为 1.4 元/污染当量。

A 公司污染物排放情况详见表 1。

表 1　　污染物排放情况

排放口编号	排放口类型	主要污染物	应税污染物
WS-01	废水主排口	CODcr、氨氮、TP、pH 值、BOD5、总氮、SS、溶解性固体、色度、石油类、挥发酚、苯胺类、苯、甲苯、乙苯、对二甲苯、间二甲苯、临二甲苯、苯乙烯、总锰、总锌、总镍、总铅、总镉、总铁、总铜	CODcr、氨氮、TP、pH 值、色度、BOD5、SS、石油类、挥发酚、苯胺类、苯、甲苯、乙苯、对二甲苯、间二甲苯、临二甲苯、总铜、总锰、总锌、总镍、总铅、总镉

(2) 应纳税额计算。

第一步，计算应税污染物排放量。

根据总排放口自动监测的污水流量，2018 年 1 月污水排放量为 283 644 吨。浓度监测数据如下（详见表 2）。

第二步，确定计税污染物并计算税额。

表 2　　水污染物监测数据及排放量计算表

水污染物	CODcr	氨氮	TP	pH 值	色度	BOD5	SS	石油类	挥发酚	苯胺	苯
数据来源	自动监测	自动监测	自动监测	第三方监测	第三方监测	第三方监测	第三方监测	第三方监测	第三方监测	第三方监测	第三方监测
1 月浓度（mg/l）	39.138 7	0.215 2	0.111 6	8.03（无量纲）	8 倍	0.5	10	0.06	0.028	0.112	ND（未检出）
1 月排放量（kg）	11 101.46	61.04	31.65			141.82	2 836.44	17.02	7.94	31.77	
水污染物	甲苯	乙苯	对二甲苯	间二甲苯	临二甲苯	总铜	总锰	总锌	总镍	总铅	总镉
数据来源	第三方监测	第三方监测	第三方监测	第三方监测	第三方监测	第三方监测	第三方监测	第三方监测	第三方监测	第三方监测	第三方监测
1 月浓度（mg/l）	ND（未检出）	ND（未检出）	ND（未检出）	ND（未检出）	ND（未检出）	ND（未检出）	0.106	0.06	ND（未检出）	0.02	ND（未检出）
1 月排放量（kg）							30.07	17.02		5.67	

说明：苯、甲苯、乙苯、对二甲苯、间二甲苯、临二甲苯、总铜、总镍、总镉浓度未检出，不计算排放量。

①查阅《环境保护税法》所附《应税污染物和当量值表》，查找各污染物对应的污染当量值。

②根据公式计算各应税污染物的污染当量数：污染当量数＝污染物的排放量（kg）/污染当量值。

③根据表 3，第一类水污染物污染当量数排名前五的污染物只有总铅一种；其他类水污染物污染当量数排名前三的污染物为化学需氧量（CODcr）、悬浮物（SS）、石油类（CODcr 和 BOD5，只征收其中一项）。

表 3　　　　税额计算表

排放口	污染物类别	排放量（kg）	污染当量值（kg）	污染当量数	单位税额（元/污染当量）	应纳税额（元）
WS-01	总铅	5.67	0.025	226.8	1.4	317.52
	CODcr	11 101.46	1	11 101.46	1.4	15 542.04
	氨氮	61.04	0.8	76.3		
	TP	31.65	0.25	126.6		
	BOD5	141.82	0.5	283.64		
	SS	2 836.44	4	709.11	1.4	992.75
	石油类	17.02	0.1	170.2	1.4	238.28
	挥发酚	7.94	0.08	99.25		
	苯胺类	31.77	0.2	158.85		
	总锰	30.07	0.2	150.35		
	总锌	17.02	0.2	85.1		

第三步，计算减免税额及最终税额。

①查找对应的污染物排放标准。该企业水污染物浓度执行《化学工业主要水污染物排放标准》（DB32/939-2006）表 2 中的一级排放标准，对应标准值为：总铅 1mg/l；CODcr 80mg/l；SS 70mg/l；石油类 5mg/l。

②判断是否符合减税条件。对照《环境保护税法》第十三条规定的标准，看是否符合减税条件。

计算结果详见表 4。

表 4　　减免税及最终税额

排放口	DW001			
污染物类别	总铅	CODcr	SS	石油类
应纳税额（元）	317.52	15 542.04	992.75	238.28
排放标准	1mg/l	80mg/l	70mg/l	5mg/l
监测浓度/速率	0.02mg/l	39.138 7mg/l	10mg/l	0.06mg/l
监测值低于标准值	98.00%	51.08%	85.71%	98.80%
计税比例	50%	50%	50%	50%
实纳税额（元）	158.76	7 771.02	496.38	119.14

因此，2018 年 1 月 A 企业环保税应纳税额为：8 545.30 元。

(3) 污水集中处理厂所行业特点分析。

①工艺：污水处理厂将一定区域内的工业废水以及生活污水通过管网进行收集，并对收集的污水进行集中处理，最终达到排放标准后排入外

环境。

②产污环节：污水排放量大，主要特征污染物是化学需氧量（CODcr）、氨氮、总磷等，工业污水处理厂特征污染物依处理工业污水类型而定，废水经收集和处理后自行排放。按照《环境保护税法》的规定，城乡污水处理厂排放应税污染物符合国家和地方环境排放标准的，暂免征收环保税；工业污水处理厂排放污水不属于免税范围。同时，工业污水处理厂在收集、处理污水及污泥过程中，会有恶臭气体产生（本案例暂不考虑）。

③数据来源：废水部分因子监测由安装的自动监测设施监测，可直接读取相应的自动监测数据；其他因子一般会委托第三方定期监测，可通过监测报告获得数据。

恶臭气体如具备监测条件，委托第三方定期监测，可通过监测报告获得数据；不具备监测条件的，可通过排污系数法或物料衡算法获得数据。

④计税重点：工业污水处理集中处理厂的计税重点为水污染物的计算和减免税的计算。

第四步，填报纳税申报表。

①填报附表 1.2。详见表 5。

②填报附表 1.5。详见表 6。

③计算数据并填入主表。详见表 7。

表 5

环境保护税按月计算报表

（水污染物适用）

税款所属期：自 2018 年 1 月 1 日至 2018 年 3 月 31 日

纳税人名称：×××　　　　统一社会信用代码（纳税人识别号）：×××

＊月份	＊税源编号	＊排放口名称	＊种类	＊污染物名称	＊污染物排放量计算方法	监测计算		排污系数计算				＊污染物排放量（千克或吨）	＊污染当量值（千克或吨）	＊污染当量数
						污水排放量（吨）	实测浓度值（毫克/升）	计算基数	产污系数	排污系数	污染物单位			
(1)	(2)	(3)	(4)	(5)	(6)	(7)	(8)	(9)	(10)	(11)	(12)	(13)＝(7)×(8)÷1 000 (13)＝(9)×(10)×N (13)＝(9)×(11)×N (13)＝(7)	(14)	(15)＝(13)÷(14)
1 月		总排放口	第一类水污染物	总铅	监测机构监测	283 644	0.02					5.67	0.025	226.8
1 月		总排放口	其他类水污染物	化学需氧量（CODcr）	自动监测	283 644	39.138 7					11 101.46	1	11 101.46
1 月		总排放口	其他类水污染物	悬浮物（SS）	监测机构监测	283 644	10					2 836.44	4	709.11
1 月		总排放口	其他类水污染物	石油类	监测机构监测	283 644	0.06					17.02	0.1	170.2

表 6

环境保护税减免税明细计算报表

税款所属期：自 2018 年 1 月 1 日至 2018 年 3 月 31 日

纳税人名称：×××　　统一社会信用代码（纳税人识别号）：×××　　金额单位：元至角分

*月份	税源编号	*排放口名称	*税目	*污染物名称	*污染物排放量计算方法	监测数据		执行标准	标准浓度值(毫克/升，毫克/标立方米)	污染物排放量（千克）	*减免性质代码（减免项目名称）	*污染当量数或综合利用量	*单位税额	*本期减免税额
						月均浓度（毫克/升，毫克/标立方米）	最高浓度（毫克/升，毫克/标立方米）							
(1)	(2)	(3)	(4)	(5)	(6)	(7)	(8)	(9)	(10)	(11)	(12)	(13)	(14)	(15)=(13)×(14) (15)=(13)×(14)×N
1月		总排放口	水污染物	总铅	监测机构监测	0.02	0.02	《化学工业主要水污染物排放标准》(DB32/939-2006)一级	1	5.67	16064007	226.8	1.4	158.76
1月		总排放口	水污染物	化学需氧量(CODcr)	自动监测	39.138 7	60.553 2		80	11 101.46	16064007	11 101.46	1.4	7 771.02
1月		总排放口	水污染物	悬浮物(SS)	监测机构监测	10	10		70	2 836.44	16064007	709.11	1.4	496.38
1月		总排放口	水污染物	石油类	监测机构监测	0.06	0.06		5	17.02	16064007	170.2	1.4	119.14

表 7

环境保护税纳税申报表（A 类）

税款所属期：自 2018 年 1 月 1 日至 2018 年 3 月 31 日　　填表日期：2018 年 4 月 1 日　　金额单位：元至角分

＊纳税人名称	（公章）				＊统一社会信用代码（纳税人识别号）				
税源编号	＊排放口名称或噪声源名称	＊税目	＊污染物名称	＊计税依据或超标噪声综合系数	＊单位税额	＊本期应纳税额	本期减免税额	＊本期已缴税额	＊本期应补（退）税额
(1)	(2)	(3)	(4)	(5)	(6)	(7)＝(5)×(5)	(8)	(9)	(10)＝(7)－(8)－(9)
	总排放口	水污染物	总铅	226.8	1.4	317.52	158.76		158.76
	总排放口	水污染物	化学需氧量（CODcr）	11 101.46	1.4	15 542.04	7 771.02		7 771.02
	总排放口	水污染物	悬浮物（SS）	709.11	1.4	992.75	496.38		496.38
	总排放口	水污染物	石油类	170.2	1.4	238.28	119.14		119.14
合计	—	—	—	—	—	17 090.60	8 545.30		8 545.30
授权声明	如果你已委托代理人申报，请填写下列资料： 为代理一切税务事宜，现授权 （地址）　　　（统一社会信用代码） 为本纳税人的代理申报人，任何与本申报表有关的往来文件，都可寄予此人。 授权人签字：				＊申报人声明		本纳税申报表是根据国家税收法律法规及相关规定填写的，是真实的、可靠的、完整的。 声明人签字：		

经办人：　　主管税务机关：　　受理人：　　受理日期：　　年　　月　　日

本表一式两份，一份纳税人留存，一份税务机关留存。

问题 98　应税固体废物的环境保护税是如何计算和填报的？请举例说明。

答：举例如下：

某工业企业 2018 年 1 月产生冶炼渣 100 吨，填埋处置 50 吨，其中被环境保护主管部门发现没有达到环境保护标准填埋的 20 吨，符合环保管理规定和综合利用要求的 30 吨，合规贮存 20 吨。请计算其应税固体废物的排放量。

分析：

（1）计算应税固体废物的排放量。

应税固体废物的排放量＝100－（50－20）－30－20＝20（吨）

（2）填报纳税申报表。

①填报附表 1.3。详见表 1。

②填报附表 1.5。详见表 2。

③计算数据并填入主表。详见表 3。

表 1

环境保护税按月计算报表

（固体废物适用）

税款所属期：自 2018 年 1 月 1 日至 2018 年 3 月 31 日

纳税人名称：×××　　　　统一社会信用代码（纳税人识别号）：×××

月份	污染物名称		本月固体废物的产生量（吨）	本月固体废物的贮存量（吨）	本月固体废物的处置量（吨）	本月应税固体废物的排放量（含综合利用量）(吨)
	固体废物类别	固体废物名称或危险废物代码				
(1)	(2)	(3)	(4)	(5)	(6)	(7)＝(4)－(5)－(6)
1 月	固体废物（冶炼渣）		100	20	30	50

表 2

环境保护税减免税明细计算报表

税款所属期：自 2018 年 1 月 1 日至 2018 年 3 月 31 日

纳税人名称：×××　　统一社会信用代码（纳税人识别号）：×××　　金额单位：元至角分

*月份	税源编号	*排放口名称	*税目	*污染物名称	*污染物排放量计算方法	监测数据		执行标准	标准浓度值(毫克/升，毫克/标立方米)	污染物排放量(千克)	*减免性质代码(减免项目名称)	*污染当量数或综合利用量	*单位税额	*本期减免税额
						月均浓度(毫克/升，毫克/标立方米)	最高浓度(毫克/升，毫克/标立方米)							
(1)	(2)	(3)	(4)	(5)	(6)	(7)	(8)	(9)	(10)	(11)	(12)	(13)	(14)	(15)=(13)×(14) (15)=(13)×(14)×N
1月	×××		固体废物(冶炼渣)	冶炼渣	—	—	—	—	—	—		30	25	750

表 3　　环境保护税纳税申报表（A 类）

税款所属期：自 2018 年 1 月 1 日至 2018 年 3 月 31 日　　填表日期：2018 年 4 月 10 日　　金额单位：元至角分

* 纳税人名称	（公章）				* 统一社会信用代码（纳税人识别号）				
税源编号	* 排放口名称或噪声源名称	* 税目	* 污染物名称	* 计税依据或超标噪声综合系数	* 单位税额	* 本期应纳税额	本期减免税额	* 本期已缴税额	* 本期应补（退）税额
(1)	(2)	(3)	(4)	(5)	(6)	(7)＝(5)×(6)	(8)	(9)	(10)＝(7)－(8)－(9)
×××	×××	固体废物（冶炼渣）	冶炼渣	50	25	1 250	750	0	500
合计	—	—	—	—	—	1 250	750	0	500
授权声明	如果你已委托代理人申报，请填写下列资料： 为代理一切税务事宜，现授权　　（地址） （统一社会信用代码） 为本纳税人的代理申报人，任何与本申报表有关的往来文件，都可寄予此人。 授权人签字：				* 申报人声明		本纳税申报表是根据国家税收法律法规及相关规定填写的，是真实的、可靠的、完整的。 声明人签字：		

经办人：　　主管税务机关：　　受理人：　　受理日期：　　年　　月　　日

本表一式两份，一份纳税人留存，一份税务机关留存。

问题 99　物料衡算法在环境保护税的计算和填报中是如何应用的？请举例说明。

答：举例如下：

某单位锅炉房，2018 年 1 月共消耗燃煤 1 000 吨，含硫率为 1%，采取相应的脱硫设施，氮氧化物排污系数为 2 千克/吨煤，烟尘排污系数为 1 千克/吨煤。如何计算二氧化硫、氮氧化物和烟尘的排放量？如果该企业适用的税额标准为 1.4 元/污染当量，应当缴纳的环境保护税如何计算和填报？

分析：

（1）应税污染物排放量的计算。

二氧化硫排放量$=Q\times\eta\times0.85\times2\times10$

$=1\,000\times1\%\times0.85\times2\times10=170$(千克)

氮氧化物排放量$=Q\times\mu=1\,000\times2=2\,000$（千克）

烟尘排放量$=1\,000\times1=1\,000$(千克)

（2）污染当量数的计算。

二氧化硫污染当量数$=170/0.95=178.95$

氮氧化物污染当量数$=2\,000/0.95=2\,105.26$

烟尘污染当量数$=1\,000/2.18=458.72$

(3) 应纳税额的计算。

二氧化硫应纳税额＝170/0.95×1.4＝ 250.53(元)

氮氧化物应纳税额＝2 000/0.95×1.4＝2 947.37(元)

烟尘应纳税额＝1 000/2.18×1.4＝642.2(元)

(4) 纳税申报表的填报。

①填报附表 1.1。详见表 1。

②计算数据并填入主表。详见表 2。

问题 100　噪声的环境保护税是如何计算和填报的？请举例说明。

答：举例如下：

某机械加工厂，厂界南侧为交通干线，其余厂界均为工商、居住混杂区。某月经监测该厂南、西、北、东侧厂界的噪声最敏感处的昼/夜噪声等效值分别为 72/57dB (A)、65/52dB (A)、66/51dB (A)、64/53dB (A)，该厂各噪声源 2018 年 1 月白天工作 3 周，夜间工作 1 周。该厂厂界为 100 米。请计算并填报该企业 2018 年 1 月应当缴纳的环境保护税。

分析：

答：(1) 查找各侧厂界环境噪声的排放标准。经查，该厂厂南、西、北、

表 1

环境保护税按月计算报表

（大气污染物适用）

税款所属期：自 2018 年 1 月 1 日至 2018 年 3 月 31 日

纳税人名称：× ××　　　　统一社会信用代码（纳税人识别号）：× ××

*月份	*税源编号	*排放口名称	*污染物名称	*污染物排放量计算方法	监测计算		排污系数计算				*污染物排放量（千克）	*污染当量值（千克）	*污染当量数
					废气排放量（万标立方米）	实测浓度值（毫克/标立方米）	计算基数	产污系数	排污系数	污染物单位			
(1)	(2)	(3)	(4)	(5)	(6)	(7)	(8)	(9)	(10)	(11)	(12)＝(6)×(7)÷100 (12)＝(8)×(9)×N (12)＝(8)×(10)×N	(13)	(14)＝(12)÷(13)
1月	×	×	二氧化硫	物料衡算	—	—	—	—	—	—	170	0.95	178.95
1月	×	×	氮氧化物	物料衡算	—	—	—	—	—	—	2 000	0.95	2 105.26
1月	×	×	烟尘	物料衡算	—	—	—	—	—	—	1 000	2.18	458.72

表 2 环境保护税纳税申报表（A 类）

税款所属期：自 2018 年 1 月 1 日至 2018 年 3 月 31 日　　填表日期：2018 年 4 月 10 日　　金额单位：元至角分

<table>
<tr><td>＊纳税人名称</td><td colspan="4">（公章）</td><td colspan="2">＊统一社会信用代码（纳税人识别号）</td><td colspan="3"></td></tr>
<tr><td>税源编号</td><td>＊排放口名称或噪声源名称</td><td>＊税目</td><td>＊污染物名称</td><td>＊计税依据或超标噪声综合系数</td><td>＊单位税额</td><td>＊本期应纳税额</td><td>本期减免税额</td><td>＊本期已缴税额</td><td>＊本期应补（退）税额</td></tr>
<tr><td>(1)</td><td>(2)</td><td>(3)</td><td>(4)</td><td>(5)</td><td>(6)</td><td>(7)＝(5)×(6)</td><td>(8)</td><td>(9)</td><td>(10)＝(7)－(8)－(9)</td></tr>
<tr><td>×××</td><td>×××</td><td>大气污染物</td><td>二氧化硫</td><td>178.95</td><td>1.4</td><td>250.53</td><td>0</td><td>0</td><td>250.53</td></tr>
<tr><td>×××</td><td>×××</td><td>大气污染物</td><td>氮氧化物</td><td>2 105.26</td><td>1.4</td><td>2 947.37</td><td>0</td><td>0</td><td>2 947.37</td></tr>
<tr><td>×××</td><td>×××</td><td>大气污染物</td><td>烟尘</td><td>458.72</td><td>1.4</td><td>642.2</td><td>0</td><td>0</td><td>642.2</td></tr>
<tr><td></td><td></td><td></td><td></td><td></td><td></td><td></td><td></td><td></td><td></td></tr>
<tr><td></td><td></td><td></td><td></td><td></td><td></td><td></td><td></td><td></td><td></td></tr>
<tr><td></td><td></td><td></td><td></td><td></td><td></td><td></td><td></td><td></td><td></td></tr>
<tr><td>合计</td><td>—</td><td>—</td><td>—</td><td>—</td><td>—</td><td>875</td><td>0</td><td>0</td><td>875</td></tr>
<tr><td>授权声明</td><td colspan="4">如果你已委托代理人申报，请填写下列资料：
为代理一切税务事宜，现授权　　（地址）
（统一社会信用代码）
为本纳税人的代理申报人，任何与本申报表有关的往来文件，都可寄予此人。
授权人签字：</td><td colspan="2">＊申报人声明</td><td colspan="3">本纳税申报表是根据国家税收法律法规及相关规定填写的，是真实的、可靠的、完整的。
声明人签字：</td></tr>
</table>

经办人：　　主管税务机关：　　受理人：　　受理日期：　　年　　月　　日

本表一式两份，一份纳税人留存，一份税务机关留存。

东侧厂界所临功能区的昼/夜排放标准为 70/55dB（A），60/50dB（A），60/50dB（A），60/50dB（A）。

(2) 计算各侧厂界的超标值。南侧昼/夜超标值分别为 72－70＝2［dB（A）］、57－55＝2［dB（A）］。同样计算，西侧昼/夜超标值分别为 5dB（A）/2dB（A）；北侧昼/夜超标值分别为 6dB（A）/1dB（A）；东侧昼/夜超标值分别为 4dB（A）/3dB（A）。

(3) 确定全部厂界昼/夜最高超标值分别为 6dB（A）/3dB（A）。

(4) 计算环境保护税额。

昼间超标噪声按一个月计收：700 元。

夜间按半个月计收：350/2＝175（元）。

该厂该月共计征收环境保护税为：700＋175＝875（元）。

(5) 填报纳税申报表。

①填报附表 1.4，详见表 1。

②计算数据并填入主表，详见表 2。

表 1

环境保护税按月计算报表

（噪声适用）

税款所属期：自 2018 年 1 月 1 日至 2018 年 3 月 31 日

纳税人名称：× ××　　统一社会信用代码（纳税人识别号）：× ××

*月份	*税源编号	*噪声源名称	*噪声时段	*监测分贝数	*标准限值	*超标分贝数	*污染物名称	*超标不足15天	*超标天数系数	*两处以上噪声超标	*边界超标系数	*超标噪声综合系数
(1)	(2)	(3)	(4)	(5)	(6)	(7)=(5)-(6)	(8)	(9)	(10)	(11)	(12)	(13)=(10)×(12)
1月	× ××	× ××	昼间	66	60	6	工业噪声超标4～6分贝	否	1	否	1	1
1月	× ××	× ××	夜间	53	50	3	工业噪声超标1～3分贝	是	0.5	否	1	0.5

表 2　　**环境保护税纳税申报表（A类）**

税款所属期：自 2018 年 1 月 1 日至 2018 年 3 月 31 日　　填表日期：2018 年 4 月 10 日　　金额单位：元至角分

＊纳税人名称	（公章）				＊统一社会信用代码（纳税人识别号）				
税源编号	＊排放口名称或噪声源名称	＊税目	＊污染物名称	＊计税依据或超标噪声综合系数	＊单位税额	＊本期应纳税额	本期减免税额	＊本期已缴税额	＊本期应补（退）税额
(1)	(2)	(3)	(4)	(5)	(6)	(7)=(5)×(5)	(8)	(9)	(10)=(7)−(8)−(9)
××××	×××	噪声（工业噪声）	工业噪声超标 4～6 分贝	1	700	700	0	0	700
××××	×××	噪声（工业噪声）	工业噪声超标 1～3 分贝	0.5	350	175	0	0	175
合计	—	—	—	—	—	875	0	0	875
授权声明	如果你已委托代理人申报，请填写下列资料： 为代理一切税务事宜，现授权　　（地址） 　　（统一社会信用代码）　　为本纳税人的代理申报人，任何与本申报表有关的往来文件，都可寄予此人。 授权人签字：				＊申报人声明		本纳税申报表是根据国家税收法律法规及相关规定填写的，是真实的、可靠的、完整的。 声明人签字：		

经办人：　　主管税务机关：　　受理人：　　受理日期：　　年　　月　　日

本表一式两份，一份纳税人留存，一份税务机关留存。

POLICY AND COLLECTION FOR

ENVIRONMENTAL PROTECTION TAX:

100 QUESTIONS AND ANSWERS

附　录

附录一　法律法规政策

中华人民共和国环境保护税法

（2016 年 12 月 25 日第十二届全国人民代表大会常务委员会
第二十五次会议通过）

第一章　总　则

第一条　为了保护和改善环境，减少污染物排放，推进生态文明建设，制定本法。

第二条　在中华人民共和国领域和中华人民共和国管辖的其他海域，直接向环境排放应税污染物的企业事业单位和其他生产经营者为环境保护税的纳税人，应当依照本法规定缴纳环境保护税。

第三条　本法所称应税污染物，是指本法所附《环境保护税税目税额表》、《应税污染物和当量值表》规定的大气污染物、水污染物、固体废物和噪声。

第四条　有下列情形之一的，不属于直接向环境排放污染物，不缴纳相应污染物的环境保护税：

（一）企业事业单位和其他生产经营者向依法设立的污水集中处理、生活垃圾集中处理场所排放应税污染物的；

（二）企业事业单位和其他生产经营者在符合国家和地方环境保护标准的设施、场所贮存或者处置固体废物的。

第五条 依法设立的城乡污水集中处理、生活垃圾集中处理场所超过国家和地方规定的排放标准向环境排放应税污染物的，应当缴纳环境保护税。

企业事业单位和其他生产经营者贮存或者处置固体废物不符合国家和地方环境保护标准的，应当缴纳环境保护税。

第六条 环境保护税的税目、税额，依照本法所附《环境保护税税目税额表》执行。

应税大气污染物和水污染物的具体适用税额的确定和调整，由省、自治区、直辖市人民政府统筹考虑本地区环境承载能力、污染物排放现状和经济社会生态发展目标要求，在本法所附《环境保护税税目税额表》规定的税额幅度内提出，报同级人民代表大会常务委员会决定，并报全国人民代表大会常务委员会和国务院备案。

第二章 计税依据和应纳税额

第七条 应税污染物的计税依据，按照下列方法确定：

（一）应税大气污染物按照污染物排放量折合的污染当量数确定；

（二）应税水污染物按照污染物排放量折合的污染当量数确定；

（三）应税固体废物按照固体废物的排放量确定；

（四）应税噪声按照超过国家规定标准的分贝数确定。

第八条 应税大气污染物、水污染物的污染当量数，以该污染物的排放量除以该污染物的污染当量值计算。每种应税大气污染物、水污染物的具体污染当量值，依照本法所附《应税污染物和当量值表》执行。

第九条 每一排放口或者没有排放口的应税大气污染物，按照污染当量数从大到小排序，对前三项污染物征收环境保护税。

每一排放口的应税水污染物，按照本法所附《应税污染物和当量值表》，区分第一类水污染物和其他类水污染物，按照污染当量数从大到小排序，对第一类水污染物按照前五项征收环境保护税，对其他类水污染物按照前三项征收环境保护税。

省、自治区、直辖市人民政府根据本地区污染物减排的特殊需要，可以增加同一排放口征收环境保护税的应税污染物项目数，报同级人民代表大会常务委员会决定，并报全国人民代表大会常务委员会和国务院备案。

第十条　应税大气污染物、水污染物、固体废物的排放量和噪声的分贝数，按照下列方法和顺序计算：

（一）纳税人安装使用符合国家规定和监测规范的污染物自动监测设备的，按照污染物自动监测数据计算；

（二）纳税人未安装使用污染物自动监测设备的，按照监测机构出具的符合国家有关规定和监测规范的监测数据计算；

（三）因排放污染物种类多等原因不具备监测条件的，按照国务院环境保护主管部门规定的排污系数、物料衡算方法计算；

（四）不能按照本条第一项至第三项规定的方法计算的，按照省、自治区、直辖市人民政府环境保护主管部门规定的抽样测算的方法核定计算。

第十一条　环境保护税应纳税额按照下列方法计算：

（一）应税大气污染物的应纳税额为污染当量数乘以具体适用税额；

（二）应税水污染物的应纳税额为污染当量数乘以具体适用税额；

（三）应税固体废物的应纳税额为固体废物排放量乘以具体适用税额；

（四）应税噪声的应纳税额为超过国家规定标准的分贝数对应的具体适用税额。

第三章　税收减免

第十二条　下列情形，暂予免征环境保护税：

（一）农业生产（不包括规模化养殖）排放应税污染物的；

（二）机动车、铁路机车、非道路移动机械、船舶和航空器等流动污染源排放应税污染物的；

（三）依法设立的城乡污水集中处理、生活垃圾集中处理场所排放相应应税污染物，不超过国家和地方规定的排放标准的；

（四）纳税人综合利用的固体废物，符合国家和地方环境保护标准的；

（五）国务院批准免税的其他情形。

前款第五项免税规定，由国务院报全国人民代表大会常务委员会备案。

第十三条　纳税人排放应税大气污染物或者水污染物的浓度值低于国家和地方规定的污染物排放标准百分之三十的，减按百分之七十五征收环境保护税。纳税人排放应税大气污染物或者水污染物的浓度值低于国家和地方规定的污染物排放标准百分之五十的，减按百分之五十征收环境保护税。

第四章　征收管理

第十四条　环境保护税由税务机关依照《中华人民共和国税收征收管理法》和本法的有关规定征收管理。

环境保护主管部门依照本法和有关环境保护法律法规的规定负责对污染物的监测管理。

县级以上地方人民政府应当建立税务机关、环境保护主管部门和其他相关单位分工协作工作机制，加强环境保护税征收管理，保障税款及时足额入库。

第十五条　环境保护主管部门和税务机关应当建立涉税信息共享平台和工作配合机制。

环境保护主管部门应当将排污单位的排污许可、污染物排放数据、环境违法和受行政处罚情况等环境保护相关信息，定期交送税务机关。

税务机关应当将纳税人的纳税申报、税款入库、减免税额、欠缴税款以及风险疑点等环境保护税涉税信息，定期交送环境保护主管部门。

第十六条　纳税义务发生时间为纳税人排放应税污染物的当日。

第十七条　纳税人应当向应税污染物排放地的税务机关申报缴纳环境保护税。

第十八条　环境保护税按月计算，按季申报缴纳。不能按固定期限计算缴纳的，可以按次申报缴纳。

纳税人申报缴纳时，应当向税务机关报送所排放应税污染物的种类、数量，大气污染物、水污染物的浓度值，以及税务机关根据实际需要要求纳税人报送的其他纳税资料。

第十九条　纳税人按季申报缴纳的，应当自季度终了之日起十五日内，向税务机关办理纳税申报并缴纳税款。纳税人按次申报缴纳的，应当自纳税义务发生之日起十五日内，向税务机关办理纳税申报并缴纳税款。

纳税人应当依法如实办理纳税申报，对申报的真实性和完整性承担责任。

第二十条　税务机关应当将纳税人的纳税申报数据资料与环境保护主管部门交送的相关数据资料进行比对。

税务机关发现纳税人的纳税申报数据资料异常或者纳税人未按照规定期限办理纳税申报的，可以提请环境保护主管部门进行复核，环境保护主管部门应当自收到税务机关的数据资料之日起十五日内向税务机关出具复核意见。税务机关应当按照环境保护主管部门复核的数据资料调整纳税人的应纳税额。

第二十一条 依照本法第十条第四项的规定核定计算污染物排放量的，由税务机关会同环境保护主管部门核定污染物排放种类、数量和应纳税额。

第二十二条 纳税人从事海洋工程向中华人民共和国管辖海域排放应税大气污染物、水污染物或者固体废物，申报缴纳环境保护税的具体办法，由国务院税务主管部门会同国务院海洋主管部门规定。

第二十三条 纳税人和税务机关、环境保护主管部门及其工作人员违反本法规定的，依照《中华人民共和国税收征收管理法》、《中华人民共和国环境保护法》和有关法律法规的规定追究法律责任。

第二十四条 各级人民政府应当鼓励纳税人加大环境保护建设投入，对纳税人用于污染物自动监测设备的投资予以资金和政策支持。

第五章 附 则

第二十五条 本法下列用语的含义：

（一）污染当量，是指根据污染物或者污染排放活动对环境的有害程度以及处理的技术经济性，衡量不同污染物对环境污染的综合性指标或者计量单位。同一介质相同污染当量的不同污染物，其污染程度基本相当。

（二）排污系数，是指在正常技术经济和管理条件下，生产单位产品所应排放的污染物量的统计平均值。

（三）物料衡算，是指根据物质质量守恒原理对生产过程中使用的原料、生产的产品和产生的废物等进行测算的一种方法。

第二十六条 直接向环境排放应税污染物的企业事业单位和其他生产经营者，除依照本法规定缴纳环境保护税外，应当对所造成的损害依法承担责任。

第二十七条 自本法施行之日起，依照本法规定征收环境保护税，不再征收排污费。

第二十八条 本法自2018年1月1日起施行。

附表一：

环境保护税税目税额表

<table>
<tr><th colspan="2">税目</th><th>计税单位</th><th>税额</th><th>备注</th></tr>
<tr><td colspan="2">大气污染物</td><td>每污染当量</td><td>1.2元至12元</td><td></td></tr>
<tr><td colspan="2">水污染物</td><td>每污染当量</td><td>1.4元至14元</td><td></td></tr>
<tr><td rowspan="4">固体废物</td><td>煤矸石</td><td>每吨</td><td>5元</td><td rowspan="4"></td></tr>
<tr><td>尾矿</td><td>每吨</td><td>15元</td></tr>
<tr><td>危险废物</td><td>每吨</td><td>1 000元</td></tr>
<tr><td>冶炼渣、粉煤灰、炉渣、其他固体废物（含半固态、液态废物）</td><td>每吨</td><td>25元</td></tr>
<tr><td rowspan="6">噪声</td><td rowspan="6">工业噪声</td><td>超标1～3分贝</td><td>每月350元</td><td rowspan="6">1. 一个单位边界上有多处噪声超标，根据最高一处超标声级计算应纳税额；当沿边界长度超过100米有两处以上噪声超标，按照两个单位计算应纳税额。
2. 一个单位有不同地点作业场所的，应当分别计算应纳税额，合并计征。
3. 昼、夜均超标的环境噪声，昼、夜分别计算应纳税额，累计计征。
4. 声源一个月内超标不足15天的，减半计算应纳税额。
5. 夜间频繁突发和夜间偶然突发厂界超标噪声，按等效声级和峰值噪声两种指标中超标分贝值高的一项计算应纳税额。</td></tr>
<tr><td>超标4～6分贝</td><td>每月700元</td></tr>
<tr><td>超标7～9分贝</td><td>每月1 400元</td></tr>
<tr><td>超标10～12分贝</td><td>每月2 800元</td></tr>
<tr><td>超标13～15分贝</td><td>每月5 600元</td></tr>
<tr><td>超标16分贝以上</td><td>每月11 200元</td></tr>
</table>

附表二：

应税污染物和当量值表

一、第一类水污染物污染当量值

污染物	污染当量值（千克）
1. 总汞	0.000 5
2. 总镉	0.005
3. 总铬	0.04
4. 六价铬	0.02
5. 总砷	0.02
6. 总铅	0.025
7. 总镍	0.025
8. 苯并（a）芘	0.0 000 003
9. 总铍	0.01
10. 总银	0.02

二、第二类水污染物污染当量值

污染物	污染当量值（千克）	备注
11. 悬浮物（SS）	4	
12. 生化需氧量（BOD5）	0.5	同一排放口中的化学需氧量、生化需氧量和总有机碳，只征收一项。
13. 化学需氧量（CODcr）	1	
14. 总有机碳（TOC）	0.49	
15. 石油类	0.1	
16. 动植物油	0.16	
17. 挥发酚	0.08	
18. 总氰化物	0.05	
19. 硫化物	0.125	
20. 氨氮	0.8	
21. 氟化物	0.5	
22. 甲醛	0.125	

续表

污染物	污染当量值（千克）	备注
23. 苯胺类	0.2	
24. 硝基苯类	0.2	
25. 阴离子表面活性剂（LAS)	0.2	
26. 总铜	0.1	
27. 总锌	0.2	
28. 总锰	0.2	
29. 彩色显影剂（CD－2）	0.2	
30. 总磷	0.25	
31. 单质磷（以P计）	0.05	
32. 有机磷农药（以P计）	0.05	
33. 乐果	0.05	
34. 甲基对硫磷	0.05	
35. 马拉硫磷	0.05	
36. 对硫磷	0.05	
37. 五氯酚及五氯酚钠（以五氯酚计）	0.25	
38. 三氧甲烷	0.04	
39. 可吸附有机卤化物（AOX)（以Cl计）	0.25	
40. 四氯化碳	0.04	
41. 三氯乙烯	0.04	
42. 四氯乙烯	0.04	
43. 苯	0.02	
44. 甲苯	0.02	
45. 乙苯	0.02	
46. 邻-二甲苯	0.02	
47. 对-二甲苯	0.02	
48. 间-二甲苯	0.02	
49. 氯苯	0.02	
50. 邻二氯苯	0.02	
51. 对二氯苯	0.02	
52. 对硝基氯苯	0.02	

续表

污染物	污染当量值（千克）	备注
53. 2，4-二硝基氯苯	0.02	
54. 苯酚	0.02	
55. 间-甲酚	0.02	
56. 2，4-二氯酚	0.02	
57. 2，4，6-三氯酚	0.02	
58. 邻苯二甲酸二丁酯	0.02	
59. 邻苯二甲酸二辛酯	0.02	
60. 丙烯腈	0.125	
61. 总硒	0.02	

说明：1. 第一、第二类污染物的分类依据为《污水综合排放标准》（GB8978—1996）。

2. 同一排放口的化学需氧量（CDP）、生化需氧量（BOD5）和总有机碳（TOC），只征收一项。

三、pH 值、色度、大肠菌群数、余氯量水污染物污染当量值

污染物		污染当量值	备注
1. pH 值	1. 0～1，13～14	0.06 吨污水	pH 值 5～6 指大于等于 5，小于 6；pH 值 9～10 指大于 9，小于等于 10，其余类推。
	2. 1～2，12～13	0.125 吨污水	
	3. 2～3，11～12	0.25 吨污水	
	4. 3～4，10～11	0.5 吨污水	
	5. 4～5，9～10	1 吨污水	
	6. 5～6	5 吨污水	
2. 色度		5 吨水·倍	
3. 大肠菌群数（超标）		3.3 吨污水	大肠菌群数和余氯量只征收一项。
4. 余氯量（用氯消毒的医院废水）		3.3 吨污水	

四、禽畜养殖业、小型企业和第三产业水污染物污染当量值

（本表仅适用于计算无法进行实际监测或者物料衡算的禽畜养殖业、小型企业和第三产业等小型排污者的水污染物污染当量数）

类型		污染当量值	备注
禽畜养殖场	1. 牛	0.1 头	仅对存栏规模大于 50 头牛、500 头猪、5 000 羽鸡鸭等的禽畜养殖场征收。
	2. 猪	1 头	
	3. 鸡、鸭等家禽	30 羽	

续表

类型		污染当量值	备注
4. 小型企业		1.8 吨污水	
5. 饮食娱乐服务业		0.5 吨污水	
6. 医院	消毒	0.14 床	医院病床数大于 20 张的按照本表计算污染当量数。
		2.8 吨污水	
	不消毒	0.07 床	
		1.4 吨污水	

五、大气污染物污染当量值

污染物	污染当量值（千克）
1. 二氧化硫	0.95
2. 氮氧化物	0.95
3. 一氧化碳	16.7
4. 氯气	0.34
5. 氯化氢	10.75
6. 氟化物	0.87
7. 氰化氢	0.005
8. 硫酸雾	0.6
9. 铬酸雾	0.000 7
10. 汞及其化合物	0.000 1
11. 一般性粉尘	4
12. 石棉尘	0.53
13. 玻璃棉尘	2.13
14. 碳黑尘	0.59
15. 铅及其化合物	0.02
16. 镉及其化合物	0.03
17. 铍及其化合物	0.000 4
18. 镍及其化合物	0.13
19. 锡及其化合物	0.27
20. 烟尘	2.18

续表

污染物	污染当量值（千克）
21. 苯	0.05
22. 甲苯	0.18
23. 二甲苯	0.27
24. 苯并（a）芘	0.000 002
25. 甲醛	0.09
26. 乙醛	0.45
27. 丙烯醛	0.06
28. 甲醇	0.67
29. 酚类	0.35
30. 沥青烟	0.19
31. 苯胺类	0.21
32. 氯苯类	0.72
33. 硝基苯	0.17
34. 丙烯腈	0.22
35. 氯乙烯	0.55
36. 光气	0.04
37. 硫化氢	0.29
38. 氨	9.09
39. 三甲胺	0.32
40. 甲硫醇	0.04
41. 甲硫醚	0.28
42. 二甲二硫	0.28
43. 苯乙烯	25
44. 二硫化碳	20

中华人民共和国环境保护税法实施条例

第一章 总 则

第一条 根据《中华人民共和国环境保护税法》(以下简称环境保护税法),制定本条例。

第二条 环境保护税法所附《环境保护税税目税额表》所称其他固体废物的具体范围,依照环境保护税法第六条第二款规定的程序确定。

第三条 环境保护税法第五条第一款、第十二条第一款第三项规定的城乡污水集中处理场所,是指为社会公众提供生活污水处理服务的场所,不包括为工业园区、开发区等工业聚集区域内的企业事业单位和其他生产经营者提供污水处理服务的场所,以及企业事业单位和其他生产经营者自建自用的污水处理场所。

第四条 达到省级人民政府确定的规模标准并且有污染物排放口的畜禽养殖场,应当依法缴纳环境保护税;依法对畜禽养殖废弃物进行综合利用和无害化处理的,不属于直接向环境排放污染物,不缴纳环境保护税。

第二章 计税依据

第五条 应税固体废物的计税依据,按照固体废物的排放量确定。固体废物的排放量为当期应税固体废物的产生量减去当期应税固体废物的贮存量、处置量、综合利用量的余额。

前款规定的固体废物的贮存量、处置量,是指在符合国家和地方环境保护标准的设施、场所贮存或者处置的固体废物数量；固体废物的综合利用量，是指按照国务院发展改革、工业和信息化主管部门关于资源综合利用要求以及国家和地方环境保护标准进行综合利用的固体废物数量。

第六条 纳税人有下列情形之一的，以其当期应税固体废物的产生量作为固体废物的排放量：

（一）非法倾倒应税固体废物；

（二）进行虚假纳税申报。

第七条 应税大气污染物、水污染物的计税依据，按照污染物排放量折合的污染当量数确定。

纳税人有下列情形之一的，以其当期应税大气污染物、水污染物的产生量作为污染物的排放量：

（一）未依法安装使用污染物自动监测设备或者未将污染物自动监测设备与环境保护主管部门的监控设备联网；

（二）损毁或者擅自移动、改变污染物自动监测设备；

（三）篡改、伪造污染物监测数据；

（四）通过暗管、渗井、渗坑、灌注或者稀释排放以及不正常运行防治污染设施等方式违法排放应税污染物；

（五）进行虚假纳税申报。

第八条 从两个以上排放口排放应税污染物的，对每一排放口排放的应税污染物分别计算征收环境保护税；纳税人持有排污许可证的，其污染物排放口按照排污许可证载明的污染物排放口确定。

第九条 属于环境保护税法第十条第二项规定情形的纳税人，自行对污染物进行监测所获取的监测数据，符合国家有关规定和监测规范的，视同环境保护税法第十条第二项规定的监测机构出具的监测数据。

第三章　税收减免

第十条　环境保护税法第十三条所称应税大气污染物或者水污染物的浓度值，是指纳税人安装使用的污染物自动监测设备当月自动监测的应税大气污染物浓度值的小时平均值再平均所得数值或者应税水污染物浓度值的日平均值再平均所得数值，或者监测机构当月监测的应税大气污染物、水污染物浓度值的平均值。

依照环境保护税法第十三条的规定减征环境保护税的，前款规定的应税大气污染物浓度值的小时平均值或者应税水污染物浓度值的日平均值，以及监测机构当月每次监测的应税大气污染物、水污染物的浓度值，均不得超过国家和地方规定的污染物排放标准。

第十一条　依照环境保护税法第十三条的规定减征环境保护税的，应当对每一排放口排放的不同应税污染物分别计算。

第四章　征收管理

第十二条　税务机关依法履行环境保护税纳税申报受理、涉税信息比对、组织税款入库等职责。

环境保护主管部门依法负责应税污染物监测管理，制定和完善污染物监测规范。

第十三条　县级以上地方人民政府应当加强对环境保护税征收管理工作的领导，及时协调、解决环境保护税征收管理工作中的重大问题。

第十四条　国务院税务、环境保护主管部门制定涉税信息共享平台技术标准以及数据采集、存储、传输、查询和使用规范。

第十五条　环境保护主管部门应当通过涉税信息共享平台向税务机关交送在环境保护监督管理中获取的下列信息：

（一）排污单位的名称、统一社会信用代码以及污染物排放口、排放污染物种类等基本信息；

（二）排污单位的污染物排放数据（包括污染物排放量以及大气污染物、水污染物的浓度值等数据）；

（三）排污单位环境违法和受行政处罚情况；

（四）对税务机关提请复核的纳税人的纳税申报数据资料异常或者纳税人未按照规定期限办理纳税申报的复核意见；

（五）与税务机关商定交送的其他信息。

第十六条 税务机关应当通过涉税信息共享平台向环境保护主管部门交送下列环境保护税涉税信息：

（一）纳税人基本信息；

（二）纳税申报信息；

（三）税款入库、减免税额、欠缴税款以及风险疑点等信息；

（四）纳税人涉税违法和受行政处罚情况；

（五）纳税人的纳税申报数据资料异常或者纳税人未按照规定期限办理纳税申报的信息；

（六）与环境保护主管部门商定交送的其他信息。

第十七条 环境保护税法第十七条所称应税污染物排放地是指：

（一）应税大气污染物、水污染物排放口所在地；

（二）应税固体废物产生地；

（三）应税噪声产生地。

第十八条 纳税人跨区域排放应税污染物，税务机关对税收征收管辖有争议的，由争议各方按照有利于征收管理的原则协商解决；不能协商一致的，报请共同的上级税务机关决定。

第十九条 税务机关应当依据环境保护主管部门交送的排污单位信息进行纳税人识别。

在环境保护主管部门交送的排污单位信息中没有对应信息的纳税人，由税务机关在纳税人首次办理环境保护税纳税申报时进行纳税人识别，并将相关信息交送环境保护主管部门。

第二十条　环境保护主管部门发现纳税人申报的应税污染物排放信息或者适用的排污系数、物料衡算方法有误的，应当通知税务机关处理。

第二十一条　纳税人申报的污染物排放数据与环境保护主管部门交送的相关数据不一致的，按照环境保护主管部门交送的数据确定应税污染物的计税依据。

第二十二条　环境保护税法第二十条第二款所称纳税人的纳税申报数据资料异常，包括但不限于下列情形：

（一）纳税人当期申报的应税污染物排放量与上一年同期相比明显偏低，且无正当理由；

（二）纳税人单位产品污染物排放量与同类型纳税人相比明显偏低，且无正当理由。

第二十三条　税务机关、环境保护主管部门应当无偿为纳税人提供与缴纳环境保护税有关的辅导、培训和咨询服务。

第二十四条　税务机关依法实施环境保护税的税务检查，环境保护主管部门予以配合。

第二十五条　纳税人应当按照税收征收管理的有关规定，妥善保管应税污染物监测和管理的有关资料。

第五章　附　则

第二十六条　本条例自2018年1月1日起施行。2003年1月2日国务院公布的《排污费征收使用管理条例》同时废止。

国家税务总局
关于发布《环境保护税纳税申报表》的公告

（国家税务总局公告 2018 年第 7 号）

为贯彻落实《中华人民共和国环境保护税法》及其实施条例，现将《环境保护税纳税申报表》予以发布，有关事项公告如下：

《环境保护税纳税申报表》分为 A 类申报表与 B 类申报表。A 类申报表（附件 1）包括 1 张主表和 5 张附表，适用于通过自动监测、监测机构监测、排污系数和物料衡算法计算污染物排放量的纳税人，享受减免税优惠的纳税人还需要填报减免税相关附表进行申报。B 类申报表（附件 2）适用于除 A 类申报之外的其他纳税人，包括按次申报的纳税人。

首次申报环境保护税的纳税人应同时填报《环境保护税基础信息采集表》（附件 3），包括 1 张主表和 4 张附表，用于采集纳税人与环境保护税相关的基础信息。纳税人与环境保护税相关的基础信息发生变化的，应及时向主管税务机关办理变更手续。

本公告自发布之日起施行。

附件：1. 环境保护税纳税申报表（A 类）

2. 环境保护税纳税申报表（B 类）

3. 环境保护税基础信息采集表

国家税务总局

2018 年 1 月 27 日

附件 1

环境保护税纳税申报表（A 类）

税款所属期：自　　年　月　日至　　年　月　日　　　　填表日期：　　年　月　日　　　　金额单位：元至角分

<table>
<tr><td>＊纳税人名称</td><td colspan="4">（公章）</td><td colspan="2">＊统一社会信用代码（纳税人识别号）</td><td colspan="3"></td></tr>
<tr><td>税源编号</td><td>＊排放口名称或噪声源名称</td><td>＊税目</td><td>＊污染物名称</td><td>＊计税依据或超标噪声综合系数</td><td>＊单位税额</td><td>＊本期应纳税额</td><td>本期减免税额</td><td>＊本期已缴税额</td><td>＊本期应补（退）税额</td></tr>
<tr><td>(1)</td><td>(2)</td><td>(3)</td><td>(4)</td><td>(5)</td><td>(6)</td><td>(7)＝(5)×(5)</td><td>(8)</td><td>(9)</td><td>(10)＝(7)－(8)－(9)</td></tr>
<tr><td></td><td></td><td></td><td></td><td></td><td></td><td></td><td></td><td></td><td></td></tr>
<tr><td></td><td></td><td></td><td></td><td></td><td></td><td></td><td></td><td></td><td></td></tr>
<tr><td></td><td></td><td></td><td></td><td></td><td></td><td></td><td></td><td></td><td></td></tr>
<tr><td></td><td></td><td></td><td></td><td></td><td></td><td></td><td></td><td></td><td></td></tr>
<tr><td></td><td></td><td></td><td></td><td></td><td></td><td></td><td></td><td></td><td></td></tr>
<tr><td>合计</td><td>—</td><td>—</td><td>—</td><td>—</td><td>—</td><td></td><td></td><td></td><td></td></tr>
<tr><td>授权声明</td><td colspan="4">如果你已委托代理人申报，请填写下列资料：
为代理一切税务事宜，现授权　　　　（地址）
（统一社会信用代码）　　　　为本纳税人的代理申报人，任何与本申报表有关的往来文件，都可寄予此人。
授权人签字：</td><td colspan="2">＊申报人声明</td><td colspan="3">本纳税申报表是根据国家税收法律法规及相关规定填写的，是真实的、可靠的、完整的。
声明人签字：</td></tr>
</table>

经办人：　　　　主管税务机关：　　　　受理人：　　　　受理日期：　　年　　月　　日

本表一式两份，一份纳税人留存，一份税务机关留存。

填表说明：

1. 本表适用于按照《中华人民共和国环境保护税法》第十条前三项方法计算应税污染物排放量的纳税人填报。表内带 * 的为必填项。

2. 本表包含五张附表，分别为附表 1.1《环境保护税按月计算报表（大气污染物适用）》、附表 1.2《环境保护税按月计算报表（水污染物适用）》、附表 1.3《环境保护税按月计算报表（固体废物适用）》、附表 1.4《环境保护税按月计算报表（噪声适用）》、附表 1.5《环境保护税减免税明细计算报表》。

3. 第 1 栏“税源编号”：由税务机关通过征管系统根据纳税人的排放口信息赋予编号。

4. 第 2 栏“排放口名称或噪声源名称”：纳税人可自行命名每一个排放口名称或噪声源的具体名称。该项应与《环境保护税基础信息采集表》中填写的名称一致。

5. 第 3 栏“税目”：按照《中华人民共和国环境保护税法》附表一的税目填写，分别为“大气污染物”、“水污染物”、“固体废物（煤矸石）”、“固体废物（尾矿）”、“固体废物（危险废物）”、“固体废物（冶炼渣）”、“固体废物（粉煤灰）”、“固体废物（炉渣）”、“固体废物（其他固体废物）”、“噪声（工业噪声）”。

6. 第 4 栏“污染物名称”：大气污染物和水污染物根据《中华人民共和国环境保护税法》附表二的污染物名称填写。固体废物根据《中华人民共和国环境保护税法》附表一填写，其中：税目为“固体废物（危险废物）”的，按照国务院环境保护主管部门发布的国家危险废物名录中的相应代码填写；税目为“固体废物（其他固体废物）”的，按照其他应税固体废物具体名称填写。噪声填写“工业噪声超标 1～3 分贝”、“工业噪声超标 4～6 分贝”、“工业噪声超标 7～9 分贝”、“工业噪声超标 10～12 分贝”、“工业噪声超标 13～15 分贝”、“工业噪声超标 16 分贝以上”。从事海洋工程的纳税人排放应税大气污染物的，填写大气污染物具体名称，如“二氧化硫—海洋工程（气）”、“氮氧化物—海洋工程（气）”、“一氧化碳—海洋工程（气）”等；从事海洋工程的纳税人排放应税水污染物的，填写海洋工程相应水污染物名称：“石油类—海洋工程（生产污水和机舱污水）”、“石油类—海洋工程（钻井泥浆和钻屑）”、“总汞—海洋工程（钻井泥浆和钻屑）”、“总镉—海洋工程（钻井泥浆和钻屑）”、“化学需氧量（CODcr）—海洋工程（生活污水）”；从事海洋工程的纳税人排放生活垃圾的，填写“生活垃圾—海洋工程”。

7. 第 5 栏“计税依据或超标噪声综合系数”：根据附表计算出的应税大气污染物和水污染物的污染当量数、应税固体废物的排放量，分污染物名称合计填写。噪声按照附表 1.4《环境保护税按月计算报表（噪声适用）》中的第 13 栏“超标噪声综合系数”填写。

8. 第 6 栏“单位税额”：按照《中华人民共和国环境保护税法》附表一和各省、自治区、直辖市公布的应税大气污染物、水污染物具体适用税额填写。

9. 第 8 栏“本期减免税额”：按照附表 1.5《环境保护税减免税明细计算报表》第 15 栏“本期减免税额”分污染物名称的合计数填写。

附表 1.1

环境保护税按月计算报表
（大气污染物适用）

税款所属期：自　　年　月　日至　　年　月　日

纳税人名称：　　　　　　　　　　　　　统一社会信用代码（纳税人识别号）：

＊月份	＊税源编号	＊排放口名称	＊污染物名称	＊污染物排放量计算方法	监测计算		排污系数计算				＊污染物排放量（千克）	＊污染当量值（千克）	＊污染当量数
					废气排放量（万标立方米）	实测浓度值（毫克/标立方米）	计算基数	产污系数	排污系数	污染物单位			
(1)	(2)	(3)	(4)	(5)	(6)	(7)	(8)	(9)	(10)	(11)	(12)=(6)×(7)÷100 (12)=(8)×(9)×N (12)=(8)×(10)×N	(13)	(14)=(12)÷(13)

填表说明：

1. 本表用于大气污染物环境保护税的计算申报。表内带＊的为必填项。

2. 第1栏“月份”：按税款所属期分月填写，如“1月”、“2月”、“3月”。

3. 第5栏“污染物排放量计算方法”：填写“自动监测”、“监测机构监测”、“排污系数”或“物料衡算”。

4. 第6栏“废气排放量”：污染物排放量计算方法为“自动监测”或“监测机构监测”的填写该项。

5. 第7栏“实测浓度值”：采用自动监测的，按自动监测仪器当月读数填写；采用监测机构监测（含符合规定的自行监测）的，按监测机构出具的报告填写。

6. 第8栏“计算基数”：填写产品产量值或原材料耗用值。

7. 第9栏“产污系数”：使用产污系数法计算污染物排放量的，填写国务院环境保护主管部门发布的纳税人适用的产污系数，无须填写第10栏“排污系数”。

8. 第10栏“排污系数”：使用排污系数法计算污染物排放量的，填写国务院环境保护主管部门发布的纳税人适用的排污系数，无须填写第9栏“产污系数”。

9. 第11栏“污染物单位”：按照国务院环境保护主管部门发布的纳税人适用的产排污系数表中“单位”栏的分子项填写，包括“吨”、“千克”、“克”、“毫克”。

10. 第12栏“污染物排放量”：采用自动监测方法计算污染物排放量的，按照自动监测仪器当月读数填写，此时，该栏可不等于第6栏×第7栏。采用监测机构监测方法计算污染物排放量的，污染物排放量＝废气排放量×实测浓度值÷100（注：将污染物排放量换算成千克）。采用排污系数方法计算污染物排放量的，污染物排放量＝计算基数×排污系数（或产污系数）×换算值N（注：将污染物排放量换算成千克）。“污染物单位”为吨时，N为1 000；“污染物单位”为千克时，N为1；“污染物单位”为克时，N为0.001；“污染物单位”为毫克时，N为0.000 001。采用物料衡算方法计算污染物排放量的，按纳税人适用的物料衡算方法计算填写污染物排放量（注：将污染物排放量换算成千克）。

11. 第13栏“污染当量值”：根据《中华人民共和国环境保护税法》附表二填写。

附表 1.2

环境保护税按月计算报表

（水污染物适用）

税款所属期：自　　年　月　日至　　年　月　日

纳税人名称：　　　　　　　　　　　　统一社会信用代码（纳税人识别号）：

*月份	*税源编号	*排放口名称	*种类	*污染物名称	*污染物排放量计算方法	监测计算		排污系数计算				*污染物排放量（千克或吨）	*污染当量值（千克或吨）	*污染当量数
						污水排放量（吨）	实测浓度值（毫克/升）	计算基数	产污系数	排污系数	污染物单位			
(1)	(2)	(3)	(4)	(5)	(6)	(7)	(8)	(9)	(10)	(11)	(12)	(13)=(7)×(8)÷1 000 (13)=(9)×(10)×N (13)=(9)×(11)×N (13)=(7)	(14)	(15)=(13)÷(14)

填表说明：

1. 本表用于水污染物环境保护税的计算申报。表内带 * 的为必填项。

2. 第 1 栏“月份”：按税款所属期分月填写，如“1 月”、“2 月”、“3 月”。

3. 第 4 栏“种类”：填写“第一类水污染物”或“其他类水污染物”；“其他类水污染物”包括第二类水污染物、pH 值、色度、大肠菌群数、余氯量。

4. 第 5 栏“污染物名称”：当污染物是“pH 值”时，根据实测 pH 值对应填写“pH 值（0～1，13～14）”、“pH 值（1～2，12～13）”、“pH 值（2～3，11～12）”、“pH 值（3～4，10～11）”、“pH 值（4～5，9～10）”、“pH 值（5～6）”。

5. 第 6 栏“污染物排放量计算方法”：填写“自动监测”、“监测机构监测”、“排污系数”或“物料衡算”。

6. 第 7 栏“污水排放量”：污染物排放量计算方法为“自动监测”或“监测机构监测”的填写该项。

7. 第 8 栏“实测浓度值”：采用自动监测的，按自动监测仪器当月读数填写；采用监测机构监测（含符合规定的自行监测）的，按监测机构出具的报告填写。

8. 第 9 栏“计算基数”：填写产品产量值或原材料耗用值。

9. 第 10 栏“产污系数”：使用产污系数法计算污染物排放量的，填写国务院环境保护主管部门发布的纳税人适用的产污系数，无须填写第 10 栏“排污系数”。

10. 第 11 栏“排污系数”：使用排污系数法计算污染物排放量的，填写国务院环境保护主管部门发布的纳税人适用的排污系数，无须填写第 9 栏“产污系数”。

11. 第 12 栏“污染物单位”：按照国务院环境保护主管部门发布的纳税人适用的产排污系数表中“单位”栏的分子项填写，包括“吨”、“千克”、“克”、“毫克”。

12. 第 13 栏“污染物排放量”：采用自动监测方法计算污染物排放量的，按照自动监测仪器当月读数填写，此时，该栏可不等于第 7 栏×第 8 栏。采用监测机构监测方法计算污染物排放量的，污染物排放量=污水排放量×实测浓度值÷1 000（注：将污染物排放量换算成千克）。采用排污系数方法计算污染物排放量的，污染物排放量=计算基数×排污系数（或产污系数）×换算值 N（注：将污染物排放量换算成千克）。“污染物单位”为吨时，N 为 1 000；“污染物单位”为千克时，N 为 1；“污染物单位”为克时，N 为 0.001；“污染物单位”为毫克时，N 为 0.000 001。采用物料衡算方法计算污染物排放量的，按纳税人适用的物料衡算方法计算填写污染物排放量（注：将污染物排放量换算成千克）。当污染物是“pH 值”、“大肠菌群数（超标）”、“余氯量（用氯消毒的医院废水）”时，污染物排放量=污水排放量（污染物排放量换算成吨）。当污染物是“色度”时，污染物排放量=污水排放量（污染物排放量换算成吨）×色度超标倍数。

13. 第 14 栏“污染当量值”：根据《中华人民共和国环境保护税法》附表二填写。

附表 1.3

环境保护税按月计算报表

（固体废物适用）

税款所属期：自　　年　月　日至　　年　月　日

纳税人名称：　　　　　　　　　　统一社会信用代码（纳税人识别号）：

月份	污染物名称		本月固体废物的产生量（吨）	本月固体废物的贮存量（吨）	本月固体废物的处置量（吨）	本月应税固体废物的排放量（含综合利用量）（吨）
	固体废物类别	固体废物名称或危险废物代码				
(1)	(2)	(3)	(4)	(5)	(6)	(7)＝(4)－(5)－(6)

填表说明：

1. 本表用于固体废物环境保护税的计算申报。表内带 * 的为必填项。

2. 第 1 栏“月份”：按税款所属期分月填写，如“1 月”、“2 月”、“3 月”。

3. 第 2 栏“固体废物类别”：按行单项填写“煤矸石”、“尾矿”、“危险废物”、“冶炼渣”、“粉煤灰”、“炉渣”、“其他固体废物（含半固态、液态废物）”；海洋工程纳税人排放生活垃圾的，填写“生活垃圾一海洋工程”。

4. 第 3 栏“固体废物名称或危险废物代码”：固体废物类别为“其他固体废物（含半固态、液态废物）”的，填写其他固体废物的具体名称；固体废物类别为“危险废物”的，按照国务院环境保护主管部门发布的国家危险废物名录中的相应代码填写。

5. 第 4 栏“本月固体废物的产生量”：填写当月产生的应税固体废物数量。

6. 第 5 栏“本月固体废物的贮存量”：填写当月在符合国家和地方环境保护标准的设施、场所贮存的固体废物数量。

7. 第 6 栏“本月固体废物的处置量”：填写当月在符合国家和地方环境保护标准的设施、场所处置的固体废物数量。

8. 第 7 栏“本月应税固体废物的排放量（含综合利用量）”：本月应税固体废物的排放量（含综合利用量）＝本月固体废物的产生量一本月固体废物的贮存量一本月固体废物的处置量。综合利用应税固体废物的，填报《环境保护税减免税明细计算报表》。

附表 1.4

环境保护税按月计算报表

（噪声适用）

税款所属期：自　　年　月　日至　　年　月　日

纳税人名称：　　　　　　　　　　　统一社会信用代码（纳税人识别号）：

* 月份	* 税源编号	* 噪声源名称	* 噪声时段	* 监测分贝数	* 标准限值	* 超标分贝数	* 污染物名称	* 超标不足 15 天	* 超标天数系数	* 两处以上噪声超标	* 边界超标系数	* 超标噪声综合系数
(1)	(2)	(3)	(4)	(5)	(6)	(7)＝(5)－(6)	(8)	(9)	(10)	(11)	(12)	(13)＝(10)×(12)

填表说明：

1. 本表用于噪声环境保护税的计算申报。表内带 * 的为必填项。

2. 第 1 栏“月份”：按税款所属期分月填写，如“1 月”、“2 月”、“3 月”。

3. 第 4 栏“噪声时段”：填写“昼间”或“夜间”，同一噪声源昼、夜均超标的，应分行填写。

4. 第 5 栏“监测分贝数”：填写实际监测的最高分贝数，不足一分贝的按“四舍五入”原则填写。

5. 第 6 栏“标准限值”：按照所属声功能区的执行标准中对应的“标准限值”填写。

6. 第 8 栏“污染物名称”：填写“工业噪声超标 1～3 分贝”、“工业噪声超标 4～6 分贝”、“工业噪声超标 7～9 分贝”、“工业噪声超标 10～12 分贝”、“工业噪声超标 13～15 分贝”或“工业噪声超标 16 分贝以上”。

7. 第 9 栏“超标不足 15 天”：超标天数区分昼、夜，分别计算。噪声源超标不足 15 昼（夜）的，填写“是”；达到或超过 15 昼（夜）的，填写“否”。

8. 第 10 栏“超标天数系数”：第 9 栏为“是”的，本栏填写“0．5”；第 9 栏为“否”的，本栏填写“1”。

9. 第 11 栏“两处以上噪声超标”：沿边界长度超过 100 米有两处以上噪声超标的填写“是”，其他情况填写“否”。

10. 第 12 栏“边界超标系数”：第 11 栏为“是”的，本栏填写“2”；第 11 栏为“否”的，本栏填写“1”。

附表 1.5

环境保护税减免税明细计算报表

税款所属期：自　　年　月　日至　　年　月　日

纳税人名称：　　统一社会信用代码（纳税人识别号）：　　金额单位：元至角分

*月份	税源编号	*排放口名称	*税目	*污染物名称	*污染物排放量计算方法	监测数据		执行标准	标准浓度值(毫克/升，毫克/标立方米)	污染物排放量(千克)	*减免性质代码(减免项目名称)	*污染当量数或综合利用量	*单位税额	*本期减免税额
						月均浓度(毫克/升，毫克/标立方米)	最高浓度(毫克/升，毫克/标立方米)							
(1)	(2)	(3)	(4)	(5)	(6)	(7)	(8)	(9)	(10)	(11)	(12)	(13)	(14)	(15)=(13)×(14) (15)=(13)×(14)×N

填表说明：

1. 本表用于环境保护税减免税的计算申报。表内带＊的为必填项；享受大气污染物、水污染物减免税优惠的，须填写第 7、8、9、10、11 栏；享受固体废物减免税优惠的，无须填写第 2、3、6、7、8、9、10、11 栏。

2. 第 7 栏“月均浓度”：按照《中华人民共和国环境保护税法实施条例》第十条规定填写。

3. 第 8 栏“最高浓度”：采用自动监测的，按照应税大气污染物浓度值的最高小时平均值，或者应税水污染物浓度值的最高日平均值填写；采用监测机构监测（含符合规定的自行监测）的，按照当月监测的应税大气污染物、水污染物的最高浓度值填写。

4. 第 9 栏“执行标准”：按照孰严原则选择填写国家或地方污染物排放标准名称及编号。

5. 第 10 栏“标准浓度值”：填写执行标准对应的浓度值。

6. 第 11 栏“污染物排放量”：根据自动监测、监测机构监测的数据得出的污染物排放量填写。

7. 第 12 栏“减免性质代码（减免项目名称）”：按照减免税政策代码目录中相应的减免性质代码或名称填写。

8. 第 13 栏“污染当量数或综合利用量”：应税大气污染物、水污染物填写实际排放应税污染物的污染当量数；享受固体废物综合利用税收优惠的，填写固体废物综合利用量。

9. 第 14 栏“单位税额”：按照《中华人民共和国环境保护税法》附表一和各省、自治区、直辖市公布的应税大气污染物、水污染物具体适用税额填写。

10. 第 15 栏“本期减免税额”：享受大气污染物、水污染物减免税优惠的，本期减免税额＝“污染当量数或综合利用量”×“单位税额”×N（N 为减免幅度，包括 25％、50％、100％）；享受固体废物综合利用税收优惠的，本期减免税额＝“污染当量数或综合利用量”×“单位税额”。

附件 2

环境保护税纳税申报表（B 类）

税款所属期：自　　年　月　日至　　年　月　日　　填表日期：　　年　月　日　　金额单位：元至角分

纳税人名称：　　（公章）　　统一社会信用代码（纳税人识别号）：

* 月份	* 税目	污染物名称	特征指标	单位	特征指标数量	特征系数	污染当量值（特征值）	计税依据	* 单位税额	* 本期应纳税额	减免性质代码（减免项目名称）	本期减免税额	本期已缴税额	* 本期应补（退）税额
(1)	(2)	(3)	(4)	(5)	(6)	(7)	(8)	(9)	(10)	(11)＝(9)×(10)	(12)	(13)	(14)	(15)＝(11)－(13)－(14)
合计	—	—	—	—	—	—	—	—			—			

授权声明	如果你已委托代理人申报，请填写下列资料： 为代理一切税务事宜，现授权　　（地址） （统一社会信用代码） 为本纳税人的代理申报人，任何与本申报表有关的往来文件，都可寄于此人。 授权人签字：	* 申报人声明	本纳税申报表是根据国家税收法律法规及相关规定填写的，是真实的、可靠的、完整的。 声明人签字：

经办人：　　主管税务机关：　　受理人：　　受理日期：　　年　月　日

本表一式两份，一份纳税人留存，一份税务机关留存。

填表说明：

1. 按照《中华人民共和国环境保护税法》第十条第四项方法计算应税污染物排放量或适用税法所附《禽畜养殖业、小型企业和第三产业水污染物当量值》表的纳税人，以及按次申报的纳税人填报本表。表内带＊的为必填项；按次申报的纳税人，无须填写第1、5、6、7、8栏。

2. 第1栏“月份”：按税款所属期分月填写，如“1月”、“2月”、“3月”。

3. 第2栏“税目”：按照《中华人民共和国环境保护税法》附表一的税目填写，分别为“大气污染物”、“水污染物”、“固体废物（煤矸石）”、“固体废物（尾矿）”、“固体废物（危险废物）”、“固体废物（冶炼渣）”、“固体废物（粉煤灰）”、“固体废物（炉渣）”、“固体废物（其他固体废物）”、“噪声（工业噪声）”。

4. 第3栏“污染物名称”：大气污染物和水污染物根据《中华人民共和国环境保护税法》附表二的污染物名称填写。水污染物是“pH值”时，根据实测pH值对应填写“pH值（0～1，13～14）”、“pH值（1～2，12～13）”、“pH值（2～3，11～12）”、“pH值（3～4，10～11）”、“pH值（4～5，9～10）”、“pH值（5～6）”；适用《中华人民共和国环境保护税法》所附《禽畜养殖业、小型企业和第三产业水污染物当量值》表的，按照表中“类型”填写，如“禽畜养殖场（牛）”、“禽畜养殖场（猪）”、“小型企业”等。固体废物根据《中华人民共和国环境保护税法》附表一填写，其中：税目为“固体废物（危险废物）”的，按照国务院环境保护主管部门发布的国家危险废物名录中的相应代码填写；税目为“固体废物（其他固体废物）”的，按照其他固体废物的具体名称填写。噪声填写“工业噪声超标1～3分贝”、“工业噪声超标4～6分贝”、“工业噪声超标7～9分贝”、“工业噪声超标10～12分贝”、“工业噪声超标13～15分贝”、“工业噪声超标16分贝以上”。采用《中华人民共和国环境保护税法》第十条第四项方法计算应税污染物排放量的，按照省、自治区、直辖市人民政府环境保护主管部门规定的抽样测算污染物名称填写。

5. 第4栏“特征指标”：按照《中华人民共和国环境保护税法》所附《禽畜养殖业、小型企业和第三产业水污染物当量值》表和省、自治区、直辖市人民政府环境保护主管部门公布的抽样测算方法填写，如“牛”、“猪”、“鸡”、“床”等。

6. 第5栏“单位”：填写“特征指标”的具体单位，如“头”、“羽”、“张”、“吨”等。

7. 第6栏“特征指标数量”：填写“特征指标”的数量，若“特征指标”是“牛”的，填写具体头数，如“500”。

8. 第7栏“特征系数”：填写参与污染当量数计算的系数项。

9. 第8栏“污染当量值（特征值）”：按照《中华人民共和国环境保护税法》所附《禽畜养殖业、小型企业和第三产业水污染物当量值》表中污染当量值和省、自治区、直辖市人民政府环境保护主管部门公布的特征值填写。

10. 第9栏“计税依据”：按照《中华人民共和国环境保护税法》所附《禽畜养殖业、小型企业和第三产业水污染物当量值》表计算的，“计税依据”＝“特征指标数量”÷“污染当量值”。采用特征系数计算的，“计税依据”＝“特征指标数量”×“特征系数”÷“污染当量值”。采用特征值计算的，“计税依据”＝“特征指标数量”×“特征值”。

11. 第10栏“单位税额”：按照《中华人民共和国环境保护税法》附表一和各省、自治区、直辖市公布的应税大气污染物、水污染物具体适用税额填写。

12. 填表举例1：某存栏量500头牛的禽畜养殖业纳税人，采用本表申报时，“税目”栏应填写“水污染物”，“污染物名称”栏应填写“禽畜养殖场（牛）”，“特征指标”栏应填写“牛”，“单位”栏应填写“头”，“特征指标数量栏”应填写“500”，“特征系数”栏不填写，“污染当量值（特征值）”栏应填写牛的污染当量值“0.1”，“计税依据”栏＝“特征指标数量”÷“污染当量值”＝500÷0.1＝5 000。

13. 填表举例2：某省环境保护厅公布的抽样测算方法中规定住宿业纳税人按照3特征值/每床位·每月核定计算“污水”的环境保护税，若某住宿业纳税人有100张床位，采用本表申报时，“税目”栏应填写“水污染物”，“污染物名称”应填写“污水”，“特征指标”栏应填写“床位”，“单位”栏应填写“床”，“特征指标数量栏”应填写“100”，“特征系数”栏不填写，“污染当量值（特征值）”栏应填写特征值“3”，“计税依据”栏＝“特征指标数量”×“特征值”＝100×3＝300。

14. 填表举例3：某省环境保护厅公布的抽样测算方法中规定建筑扬尘（按一般性粉尘计）的特征系数为“1. 2千克/（平方米·月）”，若某建筑施工单位某月施工面积为10 000平方米，采用本表申报时，“税目”栏应填写“大气污染物”，“污染物名称”应填写“一般性粉尘”，“特征指标”栏应填写“月施工面积”，“单位”栏应填写“平方米”，“特征指标数量”栏应填写“10 000”，“特征系数”栏应填写“1.2”，“污染当量值（特征值）”栏应填写一般性粉尘的污染当量值“4”，“计税依据”＝“特征指标数量”×“特征系数”÷“污染当量值”＝10 000×1.2÷4＝3 000。

附件 3

环境保护税基础信息采集表

新增□　　变更□

<table>
<tr><td rowspan="2">*纳税人名称</td><td colspan="2" rowspan="2">（公章）</td><td colspan="2" rowspan="2">*统一社会信用代码（纳税人识别号）</td><td colspan="2" rowspan="2"></td><td colspan="3">*是否采用抽样测算法计算</td><td colspan="2">是□　否□</td><td colspan="5">城乡污水集中处理场所□</td></tr>
<tr><td colspan="3">*是否从事海洋工程</td><td colspan="2">是□　否□</td><td colspan="5">生活垃圾集中处理场所□</td></tr>
<tr><td>*是否取得排污许可证</td><td colspan="2">是□　否□</td><td colspan="2">纳税人环保联系人</td><td colspan="2"></td><td colspan="2">联系电话</td><td colspan="3"></td><td colspan="2">*污染物类别</td><td colspan="3">大气污染物□　水污染物□　固体废物□　噪声□</td></tr>
<tr><td rowspan="2">排污许可证编号</td><td rowspan="2">*生产经营场所地址</td><td rowspan="2">*有效期起止</td><td rowspan="2">*排放口大类</td><td rowspan="2">*税源编号</td><td rowspan="2">排放口或噪声源编号</td><td rowspan="2">*排放口名称或噪声源名称</td><td rowspan="2">*所在区划</td><td rowspan="2">*所在街乡</td><td rowspan="2">*排放口位置或噪声源位置</td><td colspan="2">排放口地理坐标</td><td rowspan="2">排放方式</td><td rowspan="2">排放去向</td><td rowspan="2">许可证管控要求</td><td rowspan="2">大气污染物排放口类别</td><td rowspan="2">*环境保护主管部门</td></tr>
<tr><td>经度</td><td>纬度</td></tr>
<tr><td></td><td></td><td></td><td></td><td></td><td></td><td></td><td></td><td></td><td></td><td></td><td></td><td></td><td></td><td></td><td></td><td></td></tr>
<tr><td></td><td></td><td></td><td></td><td></td><td></td><td></td><td></td><td></td><td></td><td></td><td></td><td></td><td></td><td></td><td></td><td></td></tr>
<tr><td></td><td></td><td></td><td></td><td></td><td></td><td></td><td></td><td></td><td></td><td></td><td></td><td></td><td></td><td></td><td></td><td></td></tr>
<tr><td></td><td></td><td></td><td></td><td></td><td></td><td></td><td></td><td></td><td></td><td></td><td></td><td></td><td></td><td></td><td></td><td></td></tr>
<tr><td></td><td></td><td></td><td></td><td></td><td></td><td></td><td></td><td></td><td></td><td></td><td></td><td></td><td></td><td></td><td></td><td></td></tr>
<tr><td></td><td></td><td></td><td></td><td></td><td></td><td></td><td></td><td></td><td></td><td></td><td></td><td></td><td></td><td></td><td></td><td></td></tr>
<tr><td></td><td></td><td></td><td></td><td></td><td></td><td></td><td></td><td></td><td></td><td></td><td></td><td></td><td></td><td></td><td></td><td></td></tr>
<tr><td colspan="2">授权声明</td><td colspan="6">如果你已委托代理人申报，请填写下列资料：
为代理一切税务事宜，现授权　　　　（地址）
（统一社会信用代码）　　　　为本纳税人的代理申报人，任何与本采集表有关的往来文件，都可寄于此人。
授权人签字：</td><td colspan="3">*申报人声明</td><td colspan="6">本表是根据国家税收法律法规及相关规定填写的，是真实的、可靠的、完整的。
声明人签字：</td></tr>
</table>

经办人：　　　　填报日期：　　年　月　日　　主管税务机关：　　　　受理人：　　　　受理日期：　　年　月　日

本表一式两份，一份纳税人留存，一份税务机关留存。

填表说明：

1. 本表为环境保护税基础信息采集表主表。表内带＊的为必填项。本表包括四张附表，分别为附表 3.1《大气、水污染物基础信息采集表》、附表 3.2《固体废物基础信息采集表》、附表 3.3《噪声基础信息采集表》、附表 3.4《产排污系数基础信息采集表》。纳税人根据污染物类别分别填写附表 3.1 至附表 3.3，采用排污系数方法计算污染物排放量的，须填报附表 3.4。

2. “新增”：首次填报本表或新增排放口（噪声源）的纳税人，须勾选“新增”。新增排放口（噪声源）的，应填写新增排放口（噪声源）及其对应的全部应税污染物主表和附表信息。新增固体废物税源数据项的，须勾选“新增”，并在附表 3.2《固体废物基础信息采集表》中同步填写相关新增数据项。

3. “变更”：变更已填报排放口（噪声源）信息的纳税人，须勾选“变更”。变更排放口（噪声源）的，应填写变更排放口（噪声源）及其对应的全部应税污染物主表和附表信息；因排放口拆除或噪声源灭失等情形，导致排放口或噪声源不复存在的，应填写变更排放口（噪声源）相关信息并在“有效期起止”栏填写污染物排放口或噪声源的终止日期并注明“灭失”。变更固体废物税源数据项的，须勾选“变更”，并在附表 3.2《固体废物基础信息采集表》中同步变更相关数据项。

4. “是否采用抽样测算法计算”：按照《中华人民共和国环境保护税法》第十条第四项方法或适用税法所附《禽畜养殖业、小型企业和第三产业水污染物当量值》表计算应税污染物排放量的纳税人，勾选“是”，其他勾选“否”。

5. “是否取得排污许可证”：已纳入国务院环境保护主管部门发布的《固定污染源排污许可分类管理名录》且取得排污许可证的，勾选“是”；否则勾选“否”。

6. “污染物类别”：包括大气污染物、水污染物、固体废物、噪声，可多选。

7. “排污许可证编号”：“是否取得排污许可证”栏勾选“是”的纳税人必填。

8. “生产经营场所地址”：是指纳税人实际生产经营所在地址，应具体到县（旗、区）、乡（镇）、街（村）和门牌号码。

9. “有效期起止”：取得排污许可证的纳税人，填写排污许可证载明的有效期起止日期；未取得排污许可证的纳税人，填写污染物排放口启用时间或噪声源所在厂区的投入生产日期。

10. “排放口大类”：填写“大气污染物排放口”、“水污染物排放口”或“噪声源”三类。

11. “税源编号”：该项由税务机关通过征管系统根据纳税人的排放口信息赋予编号。纳税人首次申报或新增排放口（噪声源）的无须填写。当纳税人发生税源变更情形时须填写该项。

12. “排放口或噪声源编号”：取得排污许可证的须按排污许可证载明的大气、水污染物排放口编号填写。

13. “排放口名称或噪声源名称”：纳税人可自行命名每一个排放口名称或噪声源的名称。

14. “所在区划”：填写“排放口或噪声源”所在的行政区，应具体到县（旗、区）。

15. “所在街乡”：填写“排放口或噪声源”所在街道乡镇。

16. “排放口位置或噪声源位置”：填写“排放口或噪声源”的具体位置。

17. “经度”、“纬度”：取得排污许可证的纳税人，须按照排污许可证载明的经度、纬度填写。例如：120 度 34 分 28 秒。

18. “排放方式”：取得排污许可证的纳税人，须按照排污许可证载明的排放方式填写。排放口大类为“大气污染物排放口”时，填写“有组织排放”或“无组织排放”；排放口大类为“水污染物排放口”时，填写“不外排”、“直接排放”或“间接排放”。

19. “排放去向”：排放口大类为“水污染物排放口”时必填，填写：“不外排”、“排至厂内综合污水处理站”、“直接进入海域”、“直接进入江河、湖、库等水环境”、“进入城市下水道（再入江河、湖、库）”、“进入城市下水道（再入沿海海域）”、“进入城乡污水处理厂”、“进入其他单位”、“工业废水集中处理厂”、“其他（包括回喷、回填、回灌、回用、回注等）”。

20. “许可证管控要求”：取得排污许可证的纳税人，须按照排污许可证载明的管控要求填写“主要排放口”、“一般排放口”或“设施和车间排放口”。

21. “大气污染物排放口类别”：“排放方式”为“有组织排放”的，须填写“燃烧废气排放口”或“工艺废气排放口”。

附表 3.1

大气、水污染物基础信息采集表

纳税人名称：　　　　　　　　　　　　统一社会信用代码（纳税人识别号）：

序号	＊排放口大类	＊税源编号	排放口编号	＊排放口名称	＊污染物名称	标准排放限值		＊污染物排放量计算方法
						执行标准	标准浓度值（毫克/升或毫克/标立方米）	
1								
2								
3								
4								
5								
6								
7								
8								

填表说明：

1. 本表用于大气、水污染物的基础信息采集。表内带＊的为必填项。

2. “污染物名称”：按照《中华人民共和国环境保护税法》附表二中的污染物名称填写。从事海洋工程的纳税人排放应税大气污染物的，填写大气污染物具体名称，如“二氧化硫—海洋工程（气）”、“氮氧化物—海洋工程（气）”、“一氧化碳—海洋工程（气）”等；从事海洋工程的纳税人排放应税水污染物的，填写水污染物具体名称：“石油类—海洋工程（生产污水和机舱污水）”、“石油类—海洋工程（钻井泥浆和钻屑）”、“总汞—海洋工程（钻井泥浆和钻屑）”、“总镉—海洋工程（钻井泥浆和钻屑）”、“化学需氧量（CODcr）—海洋工程（生活污水）”。

3. “执行标准”：按照孰严原则选择填写国家或地方污染物排放标准名称及编号。海洋工程纳税人排放应税大气或水污染物，无对应国家和地方标准的，本栏可不填写。

4. “标准浓度值”：填写执行标准对应的浓度值。海洋工程纳税人排放应税大气或水污染物，无对应国家和地方标准的，本栏可不填写。

5. “污染物排放量计算方法”：填写“自动监测”、“监测机构监测”、“排污系数”或“物料衡算”。

附表 3.2

固体废物基础信息采集表

纳税人名称：　　　　　　　　统一社会信用代码（纳税人识别号）：

一、基本情况

*所在行政区划		*所在街道乡镇		*环境保护主管部门		主管税务所（科、分局）	—

二、固体废物产生情况

序号	*固体废物类别	固体废物名称或危险废物代码	固体废物描述
1			
2			

三、固体废物污染防治设施

1. 合规综合利用设施

设施编码	设施名称	综合利用固体废物名称或综合利用危险废物代码	综合利用固体废物来源	综合利用产物	综合利用方式	综合利用能力（吨/年）

2. 合规处置设施

设施编码	设施名称	处置固体废物名称或处置危险废物代码	处置固体废物来源	处置方式	处置能力（吨/年）

3. 合规贮存场所（设施）

设施编码	场所（设施）名称	场所（设施）基本情况	贮存固体废物名称或贮存危险废物代码	贮存容量（吨）

四、接受或转出外单位处理情况

序号	类型	接受或转出单位名称	统一社会信用代码	接受或转出固体废物名称（危险废物代码）	处理方式	资质合法性说明	联系人及联系电话	合同期止
1								
2								

填表说明：

1. 本表用于固体废物的基础信息采集。表内带＊的为必填项。

2. “所在行政区划”：填写固体废物产生地所在的行政区，应具体到县（旗、区）。

3. “所在街道乡镇”：填写固体废物产生地所在街道乡镇。

4. “主管税务所（科、分局）”：该项由税务机关填写。

5. “固体废物类别”：按行单项填写“煤矸石”、“尾矿”、“危险废物”、“冶炼渣”、“粉煤灰”、“炉渣”、“其他固体废物（含半固态、液态废物）”。海洋工程纳税人排放生活垃圾的，填写“生活垃圾一海洋工程”。

6. 固体废物名称或危险废物代码”：固体废物类别为“其他固体废物（含半固态、液态废物）”的，填写其他固体废物的具体名称；固体废物类别为“危险废物”的，按照国务院环境保护主管部门发布的国家危险废物名录中的相应代码填写。

7. “固体废物描述”：描述固体废物的类型、来源、危害特性等。

8. “设施编码”：按照环境保护主管部门确定的设施编码区别不同固体废物分行填写。

9. “设施名称”：分别填写综合利用、处置或者贮存设施的具体名称。

10. “综合利用固体废物名称或综合利用危险废物代码”：按行单项填写“煤矸石”、“尾矿”、“冶炼渣”、“粉煤灰”、“炉渣”；属于“其他固体废物（含半固态、液态废物）”的，应填写具体名称；属于“危险废物”的，按照国务院环境保护主管部门发布的国家危险废物名录中的相应代码填写；海洋工程纳税人综合利用生活垃圾的，填写“生活垃圾一海洋工程”。

11. “综合利用固体废物来源”：填写“内部产生”或“外部转入”。

12. “综合利用方式”：填写“金属材料回收”、“非金属材料回收”、“能量回收”或“其他方式”。

13. “综合利用能力（吨/年）”：填写该设施的设计利用能力。

14. “处置方式”：填写“焚烧”、“填埋”或“其他方式”。

15. “处置能力（吨/年）”：填写该设施的设计处置能力。

16. “场所（设施）基本情况”：简述场所（设施）的具体位置、类型和贮存方式等。

17. “贮存容量（吨）”：填写贮存场所（设施）的设计贮存容量。

18. “类型”：填写“接受”或“转出”。

19. “接受或转出单位名称”：填写接受或转出处置、综合利用固体废物的单位名称。“类型”栏填写“接受”的，应填写转出单位名称；“类型”栏填写“转出”的，应填写接受单位名称。

20. “处理方式”：填写“焚烧”、“填埋”、“综合利用”或“其他方式”。

21. “资质合法性说明”：可填写环评批复、三同时验收、排污许可、危险废物经营许可证等证书编号或文件编号。

22. “合同期止”：填写接受或转出外单位处置、综合利用固体废物合同的终止时间。

附表 3.3

噪声基础信息采集表

纳税人名称：　　　　统一社会信用代码（纳税人识别号）：

编号	* 税源编号	* 噪声源名称	* 噪声源位置	功能区类型	* 是否昼夜产生	执行标准	* 标准限值（分贝）	
							昼间	夜间
1								
2								
3								
4								
5								
6								
7								
8								

填表说明：

1. 本表用于噪声的基础信息采集。表内带 * 的为必填项。

2. “功能区类型”：填写“0 类”、“1 类”、“2 类”、“3 类”、“4a 类”或“4b 类”。0 类声环境功能区指康复疗养区等特别需要安静的区域；1 类声环境功能区指以居民住宅、医疗卫生、文化教育、科研设计、行政办公为主要功能，需要保持安静的区域；2 类声环境功能区指以商业金融、集市贸易为主要功能，或者居住、商业、工业混杂，需要维护住宅安静的区域；3 类声环境功能区指以工业生产、仓储物流为主要功能，需要防止工业噪声对周围环境产生严重影响的区域；4 类声环境功能区指交通干线两侧一定距离之内，需要防止交通噪声对周围环境产生严重影响的区域，包括 4a 类和 4b 类，4a 类为高速公路、一级公路、二级公路、城市快速路、城市主干路、城市次干路、城市轨道交通（地面段）、内河航道两侧区域，4b 类为铁路干线两侧区域。

3. “是否昼夜产生”：填写“是”或“否”。

4. “执行标准”：按照孰严原则选择填写国家或地方噪声排放标准名称及编号。

5. “标准限值（分贝）”：按照所属声功能区的执行标准中对应的“标准限值”填写。

附表 3.4

产排污系数基础信息采集表

纳税人名称：　　　　　　　　统一社会信用代码（纳税人识别号）：

产品生产信息				污染物信息						
产品名称	原料名称	工艺名称	规模等级	应税污染物类别	＊应税污染物名称	＊计税基数（产品产量或原料耗用量）单位	＊污染物单位	＊产污系数	末端治理技术名称	＊排污系数

填表说明：

1. 本表用于采用排污系数法计算污染物排放量的基础信息采集。表内带 * 的为必填项。

2. “产品名称”、“原料名称”、“工艺名称”、“规模等级”：按照国务院环境保护主管部门发布的纳税人适用的产排污系数表中对应的项目填写。

3. “应税污染物类别”：填写“大气污染物”、“水污染物”或“固体废物”。

4. “应税污染物名称”：按照国务院环境保护主管部门发布的纳税人适用的产排污系数表中对应的“污染物指标”填写。

5. “计税基数（产品产量或原料耗用量）单位”：按照国务院环境保护主管部门发布的纳税人适用的产排污系数表中“单位”栏的分母项填写。

6. “污染物单位”：按照国务院环境保护主管部门发布的纳税人适用的产排污系数表中“单位”栏的分子项填写，包括“吨”、“千克”、“克”、“毫克”。

7. “产污系数”：使用产污系数法计算污染物排放量的，填写国务院环境保护主管部门发布的纳税人适用的产污系数。

8. “末端治理技术名称”：按照国务院环境保护主管部门发布的纳税人适用的产排污系数表中对应的“末端治理技术名称”填写。

9. “排污系数”：使用排污系数法计算污染物排放量的，填写国务院环境保护主管部门发布的纳税人适用的排污系数。当“末端治理技术名称”为空时，排污系数等于产污系数。

国家税务总局 国家海洋局
关于发布《海洋工程环境保护税申报征收办法》的公告

（国家税务总局公告 2017 年第 50 号）

现将国家税务总局、国家海洋局制定的《海洋工程环境保护税申报征收办法》予以发布，自 2018 年 1 月 1 日起施行，请遵照执行。

特此公告。

国家税务总局　国家海洋局

2017 年 12 月 27 日

海洋工程环境保护税申报征收办法

第一条　为规范海洋工程环境保护税征收管理，根据《中华人民共和国环境保护税法》（以下简称《环境保护税法》）、《中华人民共和国税收征收管理法》及《中华人民共和国海洋环境保护法》，制定本办法。

第二条　本办法适用于在中华人民共和国内水、领海、毗连区、专属经济区、大陆架以及中华人民共和国管辖的其他海域内从事海洋石油、天然气勘探开发生产等作业活动，并向海洋环境排放应税污染物的企业事业单位和其他生产经营者（以下简称纳税人）。

第三条　本办法所称应税污染物，是指大气污染物、水污染物和固体废物。纳税人排放应税污染物，按照下列方法计征环境保护税：

（一）大气污染物。对向海洋环境排放大气污染物的，按照每一排放口或者没有排放口的应税污染物排放量折合的污染当量数从大到小排序后的前三项污染物计征。

（二）水污染物。对向海洋水体排放生产污水和机舱污水、钻井泥浆（包括水基泥浆和无毒复合泥浆，下同）和钻屑及生活污水的，按照应税污染物排放量折合的污染当量数计征。其中，生产污水和机舱污水，按照生产污水和机舱污水中石油类污染物排放量折合的污染当量数计征；钻井泥浆和钻屑按照泥浆和钻屑中石油类、总镉、总汞的污染物排放量折合的污染当量数计征；生活污水按照生活污水中化学需氧量（CODcr）排放量折合的污染当量数计征。

（三）固体废物。对向海洋水体排放生活垃圾的，按照排放量计征。

第四条 海洋工程环境保护税的具体适用税额按照负责征收环境保护税的海洋石油税务（收）管理分局所在地适用的税额标准执行。

生活垃圾按照环境保护税法“其他固体废物”税额标准执行。

第五条 海洋工程环境保护税应纳税额按照下列方法计算：

（一）应税大气污染物的应纳税额为污染当量数乘以具体适用税额。

（二）应税水污染物的应纳税额为污染当量数乘以具体适用税额。

（三）应税固体废物的应纳税额为固体废物排放量乘以具体适用税额。

第六条 海洋工程环境保护税由纳税人所属海洋石油税务（收）管理分局负责征收。纳税人同属两个海洋石油税务（收）管理分局管理的，由国家税务总局确定征收机关。

第七条 海洋工程环境保护税实行按月计算，按季申报缴纳。纳税人应当自季度终了之日起 15 日内，向税务机关办理纳税申报并缴纳税款。

不能按固定期限计算缴纳的，可以按次申报缴纳。纳税人应当自纳税义务发生之日起 15 日内，向税务机关办理纳税申报并缴纳税款。

第八条 纳税人应根据排污许可有关规定，向税务机关如实填报纳税人及排放应税污染物的基本信息。纳税人基本信息发生变更的，应及时到税务机关办理变更手续。

纳税人应当按照税收征收管理有关规定，妥善保存应税污染物的监测资料以及税务机关要求留存备查的其他涉税资料。

第九条 海洋行政主管部门和税务机关应当建立涉税信息共享和协作机制。

海洋行政主管部门应当将纳税人的基本信息、污染物排放数据、污染物样品检测校验结果、处理处罚等海洋工程环境保护涉税信息，定期交送税务机关。

税务机关应当将纳税人的纳税申报数据、异常申报情况等环境保护税涉税信息，定期交送海洋行政主管部门。

第十条 国家海洋行政主管部门应当建立健全污染物监测规范，加强应税污染物排放的监测管理。

第十一条 纳税人应当使用符合国家环境监测、计量认证规定和技术规范的污染物流量自动监控仪器对大气污染物和水污染物的排放进行计量，其计量数据作为应税污染物排放数量的依据。

纳税人对生活垃圾排放量应当建立台账管理，留存备查。

第十二条 从事海洋石油勘探开发生产的纳税人，应当按规定对生产污水和机舱污水的含油量进行检测，并使用化学需氧量（CODcr）自动检测仪对生活污水的化学需氧量（CODcr）进行检测。其检测值作为计算应税污染物排放量的依据。

第十三条 纳税人应当留取钻井泥浆和钻屑的排放样品，按规定定期进行污染物含量检测，其检测值作为计算应税污染物排放量的依据。

第十四条　纳税人运回陆域处理的海洋工程应税污染物，应当按照《环境保护税法》及其相关规定，向污染物排放地税务机关申报缴纳环境保护税。

第十五条　本办法自2018年1月1日起施行。《国家海洋局关于印发〈海洋工程排污费征收标准实施办法〉的通知》（国海环字〔2003〕214号）同时废止。

关于发布计算污染物排放量的排污系数和物料衡算方法的公告

（环境保护部公告2017年第81号）

为贯彻落实《中华人民共和国环境保护税法》有关要求，进一步明确污染物排放量计算方法，我部制订了《纳入排污许可管理的火电等17个行业污染物排放量计算方法（含排污系数、物料衡算方法）（试行）》《未纳入排污许可管理行业适用的排污系数、物料衡算方法（试行）》，现予发布。

一、纳入排污许可管理的火电等17个行业排污单位，适用《纳入排污许可管理的火电等17个行业污染物排放量计算方法（含排污系数、物料衡算方法）（试行）》。

二、未纳入排污许可管理的锡矿采选业等行业排污单位，适用《未纳入排污许可管理行业适用的排污系数、物料衡算方法（试行）》。

三、除前两项外其他行业排污单位的污染物排放量计算方法，由各省级环境保护主管部门参考《关于排污申报与排污费征收有关问题的通知》（环办〔2014〕80号）等排污费征收相关规定，按照科学合理原则制定，并报我部备案。

特此公告。

附件 1. 纳入排污许可管理的火电等 17 个行业污染物排放量计算方法（含排污系数、物料衡算方法）（试行）（略）

附件 2. 未纳入排污许可管理行业适用的排污系数、物料衡算方法（试行）（略）

环境保护部

2017 年 12 月 27 日

四川省环境保护厅关于发布《四川省环境保护税应税污染物排放量抽样测算方法（试行）》的公告

为贯彻落实《中华人民共和国环境保护税法》有关要求，进一步明确部分行业污染物排放量的计算方法，我厅制定了《四川省环境保护税应税污染物排放量抽样测算方法（试行）》，本方法适用于无法进行实际监测或者物料衡算的第三产业等小型排污者和施工扬尘 2 个行业相关污染物排放量的核算，现予发布。

特此公告。

附件：四川省环境保护税应税污染物排放量抽样测算方法（试行）

四川省环境保护厅

2018 年 1 月 15 日

四川省环境保护税应税污染物排放量抽样测算方法（试行）

根据《中华人民共和国环境保护税法》、财政部 税务总局 环境保护部《关于全面做好环境保护税法实施准备工作的通知》（财税〔2017〕62号）有关规定，结合我省实际，特制定本方法。

一、适用范围

本方法适用于无法进行实际监测或者物料衡算的第三产业的小型排污者和施工扬尘 2 个行业相关污染物排放量的核算。

二、污染物排放量的计算公式

（一）第三产业排污者污水排放量计算公式

污水排放量(吨/月)＝用水量(吨/月)×行业污水排放系数

污水排放量：排污者在生产经营活动中污水排放量；

用水量：排污者在正常经营活动中的用水量；

行业污水排放系数：通过对小型排污者的用水量和污水排放量进行测算及行业分类统计，结合《第一次全国污染源普查产排污系数手册》中的相关技术规范，具体行业类型及对应的产污系数，见表 1。

表 1　第一次全国污染源普查产排污系数手册中的小型三产污水排放系数

行业	污水排放系数	备注
住宿业	用水量的 92%	住宿业指“纯住宿业”，不包括住宿业中的餐饮、美容美发、洗浴等附属经营活动，附属经营活动另算
餐饮业	用水量的 88%	
洗染服务业	用水量的 95%	专营的洗染店以及在宾馆、饭店内常设的独立（或相对独立）洗染服务
理发及美容保健服务	用水量的 95%	专业理发、美容保健服务，以及在宾馆、饭店或娱乐场所常设的独立（或相对独立）理发、美容保健服务
洗浴服务业	用水量的 95%	专业洗浴室以及在宾馆、饭店或娱乐场所常设的独立（或相对独立）洗浴服务
摄影扩印服务	用水量的 95%	

续表

行业	污水排放系数	备注
汽车、摩托车维修与保养	用水量的95%	
医院和其他医疗机构	用水量的86%	

（二）施工扬尘排放量计算公式

$$\text{扬尘排量}=\left(\text{扬尘产生量系数}-\text{扬尘排放量削减系数}\right)(\text{千克/平方米}\cdot\text{月})\times\text{月建筑面积或施工面积(平方米)}$$

扬尘产生量系数和扬尘排放量削减系数是参照环境保护部办公厅《关于排污申报与排污费征收有关问题的通知》（环办〔2014〕80号）中相关系数执行，见表2。

表2　　施工扬尘产生、削减系数表

工地类型		扬尘产生量系数（千克/平方米·月）		
建筑施工		1.01		
市政（拆迁）施工		1.64		
工地类型	扬尘类型	扬尘污染控制措施	扬尘排放量削减系数（千克/平方米·月） 措施达标 是	否
建筑工地	一次扬尘	道路硬化措施	0.071	0
		边界围挡	0.047	0
		裸露地面覆盖	0.047	0
		易扬尘物料覆盖	0.025	0
		定期喷洒抑制剂	0.03	0
	二次扬尘	运输车辆机械冲洗装置	0.31	0
		运输车辆简易冲洗装置	0.155	0

续表

工地类型	扬尘类型	扬尘污染控制措施	扬尘排放量削减系数（千克/平方米·月）	
			措施达标	
			是	否
市政（拆迁）工地	一次扬尘	道路硬化措施	0.102	0
		边界围挡	0.102	0
		易扬尘物料覆盖	0.066	0
		定期喷洒抑制剂	0.03	0
	二次扬尘	运输车辆机械冲洗装置	0.68	0
		运输车辆简易冲洗装置	0.034	0

注：1. 施工扬尘定义

施工扬尘是指本地区所有进行建筑工程、市政工程、拆迁工程和道桥施工工程等施工活动过程中产生的对大气造成污染的总悬浮颗粒物、可吸入颗粒物和细颗粒物等粉尘的总称。

2. 制定依据

施工扬尘产生量是按照物料衡算方法，根据建筑（或施工、拆迁）面积、施工期，综合分析全国各地已出台的扬尘排放系数而制定的平均产生量。

3. 对于建筑工地按建筑面积计算

市政工地按施工面积计算，施工面积为建设道路红线宽度乘以施工长度，其他为三倍开挖宽度乘以施工长度，市政工地分段施工时按实际施工面积计算。

4. 施工扬尘控制措施及达标要求

建筑工程和市政工程扬尘控制措施达标标准如下，每项控制措施的任意一项基本要求不达标，则该项控制措施视为不达标。

4.1　道路硬化措施

4.1.1　施工现场主要道路、加工区、生活办公区应做硬化处理，用作车辆通行的道路应铺设混凝土，满足车辆安全行驶要求，且无破损现象；

4.1.2　任何时候车行道路上都不能有明显的尘土；

4.1.3　道路清扫时都必须采取洒水措施。

4.2　边界围挡

4.2.1　围挡高度不低于1.8米，围挡下方设置不低于20厘米高的防溢座以防止粉尘流失（市政工程除外）；

4.2.2　围挡必须是由金属、混凝土、塑料等硬质材料制作，拆迁工程在建筑拆除期间，应在建筑结构外侧设置防尘布；

4.2.3　任意两块围挡以及围挡与防溢座的拼接处都不能有大于0.5厘米的缝隙，围挡不得有明显破损的漏洞。

4.3　裸露地（含土方）覆盖

4.3.1　每一块独立裸露地面80%以上的面积都应采取覆盖措施；

4.3.2　覆盖措施的完好率必须在90%以上；

4.3.3　覆盖措施包括：钢板、防尘网（布）、绿化、化学抑尘剂，或达到同等效率的覆盖措施。

4.4　易扬尘物料覆盖

4.4.1　所有砂石、灰土、灰浆等易扬尘物料都必须以不透水的隔尘布完全覆盖或放置在顶部和四周均有遮蔽的场所内；

4.4.2　防尘布或遮蔽装置的完好率必须大于95%；

4.4.3　小批量且在8小时之内投入使用的物料除外。

4.5　定期喷洒抑制剂

施工现场应当有专人负责保洁工作，配备洒水设备，定期洒水清扫。

4.6　运输车辆冲洗装置

4.6.1　明确专人负责冲洗保洁，确保车辆不带泥出场，运输车辆驶出工地前，应对车轮、车身、车槽等部位进行清理或清洗以保证车辆清洁上路；

4.6.2　每个大门内侧均应设置车辆冲洗台，四周应设置防溢座、排水沟，上盖钢篦，设置两级沉淀池，排水沟与沉淀池相连，沉淀池大小应满足冲洗要求；

4.6.3　废水经二次沉淀后循环使用或用于洒水降尘，对沉淀池应定期清理污泥并规范处置；

4.6.4　污水处理产生的污泥，应设有专门的处置系统；

4.6.5　经过处理无法达到相关排放标准的洗车污水不得直接排入环境或市政下水系统。

三、本方法自印发之日起施行。本方法由四川省环境保护厅负责解释。

四川省地方税务局
关于环境保护税核定计算方法相关问题的公告

（四川省地方税务局公告2018年第1号）

根据《中华人民共和国环境保护税法》（以下简称《环保税法》）、《财政部 税务总局 环境保护部关于全面做好环境保护税实施准备工作的通知》（财税〔2017〕62号）和四川省环境保护厅2018年第1号公告发布的《四川省环境保护税应税污染物排放量抽样测算方法（试行）》，我局制定四川省环境保护税核定计算方法并明确相关问题。现公告如下。

一、本公告适用于《环保税法》第十条第四项规定的纳税人。

二、第三产业的小型排污者，其应税水污染物当量数计算公式为：

$$\begin{matrix}\text{应税水污染物}\\\text{当量数}\end{matrix}=\text{用水量(吨/月)}\times\begin{matrix}\text{行业污水}\\\text{排放系数}\end{matrix}\div\text{污染当量值}$$

三、医院和其他医疗机构能够确定用水量的，应税水污染物当量数计算公式为：

$$\text{应税水污染物当量数}=\text{用水量(吨/月)}\times\text{行业污水排放系数}\div\text{污染当量值}$$

无法确定用水量的，应税水污染物当量数计算公式为：

$$\text{应税水污染物当量数}=\text{病床数}\div\text{污染当量值}$$

四、施工扬尘应税大气污染物当量数计算公式为：

$$\text{扬尘排放量}=\left(\text{扬尘产生量系数}-\text{扬尘排放量削减系数}\right)\text{(千克/平方米·月)}\times\text{月建筑面积或施工面积(平方米)}$$

$$\text{应税大气污染物当量数}=\text{扬尘排放量}\div\text{污染当量值}$$

五、核定计算环境保护税的应纳税额计算公式为：

$$\text{应纳税额}=\text{应税污染物当量数}\times\text{具体适用税额}$$

六、纳税人在填报《环境保护税基础信息采集表》时应在“是否采用抽样测算法计算”一栏中填写“是”，主管税务机关据此确定纳税人适用核定计算方法申报缴纳环境保护税。

对纳税人采用核定计算方法有异议的，主管税务机关可以提请环境保护主管部门进行复核，并依据复核结果进行调整。

七、纳税人应按照本公告的规定向主管税务机关如实办理纳税申报，填写《环境保护税纳税申报表（B类）》，并依需要附报佐证材料。

八、纳税人应税污染物排放量计算方法发生变更时，应当自发生变更之日起15日内向主管税务机关提交变更说明和相关材料，重新填报《环境保护税基础信息采集表》，自变更后次月起，按照新的方法计算应税污染物排放量。

九、兼营多种行业的纳税人应按照每一行业对应的污水排放系数分别计算应税水污染物当量数和应纳税额；未分别核算的，从高适用污水排放系数。

十、本公告施行时间自 2018 年 1 月 1 日至 2022 年 12 月 31 日。

特此公告。

附件：1. 小型三产污水排放系数（略）

2. 施工扬尘产生、削减系数表（略）

四川省地方税务局

2018 年 1 月 29 日

海南省地方税务局 海南省生态环境保护厅关于发布《海南省环境保护税核定征收管理办法（试行）》的公告

（海南省地方税务局 海南省生态环境保护厅公告 2017 年第 7 号）

为加强环境保护税征收管理，规范环境保护税核定征收工作，维护纳税人合法权益，根据《中华人民共和国税收征收管理法》及其实施细则、《中华人民共和国环境保护税法》等有关法律、行政法规规定，海南省地方税务局和海南省生态环境保护厅共同制定了《海南省环境保护税核定征收管理办法（试行）》，现予发布，自 2018 年 1 月 1 日起施行。

特此公告。

海南省地方税务局　海南省生态环境保护厅

2017 年 12 月 7 日

海南省环境保护税核定征收管理办法（试行）

第一章　总　则

第一条　为加强环境保护税征收管理，规范环境保护税核定征收工作，维护纳税人合法权益，根据《中华人民共和国税收征收管理法》及其实施细则、《中华人民共和国环境保护税法》等有关法律、行政法规规定，制定本办法。

第二条 本办法所称环境保护税核定征收，是指地方税务机关和环境保护主管部门根据环境保护税法第十条第四项、第二十一条和本办法的规定对纳税人的污染物排放种类、数量和应纳税额进行核定并征收环境保护税的一种征收方式。

第三条 本办法适用于符合《中华人民共和国环境保护税法》第十条第四项规定，无法实际监测或者无法按照排污系数、物料衡算计算环境保护税的纳税人的税收征收管理。

第二章 核定方法

第四条 本办法所称核定方法，是指依照《中华人民共和国环境保护税法》附表二之《禽畜养殖业、小型企业和第三产业水污染物当量值》（附件1）和《海南省排污特征值系数表》（附件2）计算环境保护税应纳税额的方法。

第五条 禽畜养殖业和医院水污染物应纳税额，按照《禽畜养殖业、小型企业和第三产业水污染物当量值》核定计算。

小型企业、第三产业水污染物应纳税额，能够提供实际月污水排放量的按照《禽畜养殖业、小型企业和第三产业水污染物当量值》核定计算；无法提供实际月污水排放量的，按照《海南省排污特征值系数表》核定计算。

第三产业和使用独立燃烧锅炉的单位，其大气污染物应纳税额按照《海南省排污特征值系数表》核定计算。

第六条 核定征收的环境保护税税额按照下列方法计算：

（一）禽畜养殖业的水污染物应纳税额

水污染物应纳税额＝水污染物当量数×单位税额

水污染物当量数＝禽畜养殖数量的头、羽数÷污染当量值

（二）医院、小型企业和第三产业的水污染物应纳税额

1. 能提供实际月污水排放量的

应纳税额＝水污染物当量数×单位税额

水污染物当量数＝月污水排放量÷污染当量值

2. 无法提供实际月污水排放量的

（1）医院的应纳税额＝医院床位数÷污染当量值×单位税额

（2）餐饮业的应纳税额＝污水排污特征值系数×单位税额

（3）其他行业的应纳税额＝污水排污特征值系数×特征指标值×单位税额

（三）第三产业和使用独立燃烧锅炉的单位的大气污染物应纳税额

大气污染物应纳税额＝废气排污特征值系数×单位税额

第三章 核定程序

第七条 环境保护税核定程序适用于：

（一）首次办理环境保护税税源登记且符合核定征收条件的纳税人；

（二）因法律、行政法规、税收政策调整或实际经营情况发生变化，需要重新核定环境保护税税额的纳税人。

第八条 环境保护税核定程序：

（一）核定申请

1. 符合本办法第七条规定的纳税人应在首次办理环境保护税税源登记或实际经营情况发生变化之日起 15 日内，向地方税务机关提出核定申请或重新核定申请，填写《环境保护税基础信息采集表》，如实反映排污情况，并对申请资料的真实性承担相应的法律责任。

2. 因法律、行政法规、政策调整或地方税务机关发现纳税人实际经

营情况发生变化，需要重新调整核定环境保护税税额的，地方税务机关通知纳税人重新办理核定征收手续。

（二）核实情况。地方税务机关受理纳税人申请，根据纳税人申报材料，会同环境保护主管部门核实纳税人的情况，据以确定纳税人适用的行业类别、污染物种类、数量和应纳税额等。

（三）核定公示。地方税务机关应当将核定的结果进行公示，公示期限为五个工作日。

纳税人在公示期内对核定结果有异议的，提供相关证明材料，由地方税务机关会同环境保护主管部门对相关证明材料进行复核。经复核，需作调整的，地方税务机关根据复核结果调整，再次进行公示。

（四）核定送达。公示期满且无异议的，地方税务机关向纳税人送达《税务事项通知书》，通知纳税人执行。

（五）核定公布。地方税务机关将最终确定的核定结果在原公示范围内进行公布，接受纳税人、社会各界的监督。

第九条 核定征收的执行期为一年。核定期满后，应根据纳税人经营变化情况重新核定。

第四章 征收管理

第十条 纳税人应自地方税务机关确认采取核定方式征收环境保护税的次月1日起，按月计算税额，按季申报纳税。

第十一条 纳税人应按照本办法规定向地方税务机关如实办理纳税申报，填写《环境保护税纳税申报表（B表）》，报送有关纳税资料。

第十二条 纳税人通过更新设备、技术改造等达到《中华人民共和国环境保护税法》第十条前三项规定应税污染物计算条件，不再符合核定征收条件的，纳税人提供相关资料告知地方税务机关。地方税务机关提请环境保护主管部门核实，根据核实的信息下达《税务事项通知书》，通知纳税人自变更后的次月起按照新的征收方式申报纳税。

第十三条　地方税务机关和环境保护主管部门应当建立环境保护税核定征收工作协作机制，按部门职责核定纳税人的污染物排放种类、数量和应纳税额，确保核定征收工作有序开展。

第十四条　环境保护主管部门应履行以下职责：

（一）海南省生态环境保护厅负责制定、公布本省的抽样测算方法，发布适用于本行政区域的《海南省排污特征值系数表》；结合当地经济社会发展水平对《海南省排污特征值系数表》进行适时调整；

（二）对核定征收纳税人的排污情况进行监管；

（三）定期将符合核定征收条件的纳税人的污染物排放数据、环境违法和行政处罚情况等相关信息传递给同级地方税务机关；

（四）纳税人的应税污染物计算条件达到《中华人民共和国环境保护税法》第十条前三项规定，不再符合核定征收条件的，环境保护主管部门根据地方税务机关的提请对纳税人的变更信息进行核实，并将核实情况传递给同级地方税务机关。

第十五条　地方税务机关应履行以下职责：

（一）将符合核定征收的纳税人纳入税收管理；

（二）根据环境保护主管部门发布的最新《海南省排污特征值系数表》，及时对核定征收涉税相关数据进行维护调整；

（三）向环境保护主管部门传递纳税人纳税信息和风险疑点等涉税信息；

（四）地方税务机关定期或不定期会同环境保护主管部门开展抽查工作，对纳税人经营情况、污染物排放种类、数量和应纳税额等基础数据进行监督检查。

第十六条　各级地方税务机关应当建立健全环境保护税核定征收监督制度，加强对核定征收过程和纳税人的监督检查。

第十七条　纳税人、地方税务机关和环境保护主管部门及其工作人员违反本办法规定的，按照《中华人民共和国税收征收管理法》、《中华人民共和国环境保护法》和有关法律、行政法规的规定处理。

第五章　附　则

第十八条　小型企业划分标准按照《工业和信息化部 国家统计局 国家发展和改革委员会财政部关于印发中小企业划型标准规定的通知》（工信部联企业〔2011〕300 号）规定的标准执行。

第十九条　本办法所称禽畜养殖业标准按照《中华人民共和国环境保护税法》附表二之《禽畜养殖业、小型企业和第三产业水污染物当量值》中列举的牛、猪、鸡、鸭等禽畜标准执行。

第二十条　本办法由海南省地方税务局、海南省生态环境保护厅负责解释。

第二十一条　本办法自 2018 年 1 月 1 日起施行。

附件 1

禽畜养殖业、小型企业和第三产业水污染物污染当量值

（本表仅适用于计算无法进行实际监测或物料衡算的禽畜养殖业、小型企业和第三产业等小型排污者的水污染物污染当量数）

<table>
<tr><th colspan="2">类型</th><th>污染当量值</th><th>备注</th></tr>
<tr><td rowspan="3">禽畜养殖场</td><td>1. 牛</td><td>0.1 头</td><td rowspan="3">仅对存栏规模大于 50 头牛、500 头猪、5 000 羽鸡鸭等的禽畜养殖场征收。</td></tr>
<tr><td>2. 猪</td><td>1 头</td></tr>
<tr><td>3. 鸡、鸭等家禽</td><td>30 羽</td></tr>
<tr><td colspan="2">4. 小型企业</td><td>1.8 吨污水</td><td></td></tr>
<tr><td colspan="2">5. 饮食娱乐服务业</td><td>0.5 吨污水</td><td></td></tr>
<tr><td rowspan="4">6. 医院</td><td rowspan="2">消毒</td><td>0.14 床</td><td rowspan="4">医院病床数大于 20 张的按照本表计算污染当量数。</td></tr>
<tr><td>2.8 吨污水</td></tr>
<tr><td rowspan="2">不消毒</td><td>0.07 床</td></tr>
<tr><td>1.4 吨污水</td></tr>
</table>

附件 2

海南省排污特征值系数表

行业类型	特征指标（单位）		排污特征值系数	
餐饮业	营业面积（平方米）	100 以下（含 100）	污水	70/月
			废气	33/月
		100～300（含 300）	污水	150/月
			废气	66/月
		300～500（含 500）	污水	430/月
			废气	100/月
		500～1 500（含 1 500）	污水	720/月
			废气	250/月
住宿业	床位（床）		污水	3/月·床
洗染服务业（衣物类）	干洗机（台）		污水	65/月·台
	水洗机（台）		污水	37/月·台
美容美发保健业	床位（张）		污水	22/月·张
	座位（个）		污水	6/月·个
洗浴业（洗脚、洗澡）	床位（张）		污水	15/月·张
	座位（个）		污水	20/月·个
	衣柜（个）		污水	4/月·个
汽车、摩托车维修与保养业	提升机（台）		污水	85/月·台
	地沟（条）		污水	43/月·条
	水枪（支）		污水	36/月·支
摄影扩印服务业	彩扩机（台）		污水	70/月·台
独立燃烧锅炉	锅炉（蒸吨）		废气	166/月（≤2 蒸吨）
备注	1. 在餐饮行业中，废气排污特征值系数针对燃煤燃烧废气，不含油烟类污染物和使用独立燃烧锅炉产生的废气。 2. 餐饮业的营业面积可参照《消防意见审核书》的面积计算；其余行业的收税特征物按实际情况计算。			

畜禽规模养殖污染防治条例

第一章　总　则

第一条　为了防治畜禽养殖污染，推进畜禽养殖废弃物的综合利用和无害化处理，保护和改善环境，保障公众身体健康，促进畜牧业持续健康发展，制定本条例。

第二条　本条例适用于畜禽养殖场、养殖小区的养殖污染防治。

畜禽养殖场、养殖小区的规模标准根据畜牧业发展状况和畜禽养殖污染防治要求确定。

牧区放牧养殖污染防治，不适用本条例。

第三条　畜禽养殖污染防治，应当统筹考虑保护环境与促进畜牧业发展的需要，坚持预防为主、防治结合的原则，实行统筹规划、合理布局、综合利用、激励引导。

第四条　各级人民政府应当加强对畜禽养殖污染防治工作的组织领导，采取有效措施，加大资金投入，扶持畜禽养殖污染防治以及畜禽养殖废弃物综合利用。

第五条　县级以上人民政府环境保护主管部门负责畜禽养殖污染防治的统一监督管理。

县级以上人民政府农牧主管部门负责畜禽养殖废弃物综合利用的指导和服务。

县级以上人民政府循环经济发展综合管理部门负责畜禽养殖循环经济工作的组织协调。

县级以上人民政府其他有关部门依照本条例规定和各自职责，负责畜禽养殖污染防治相关工作。

乡镇人民政府应当协助有关部门做好本行政区域的畜禽养殖污染防治工作。

第六条 从事畜禽养殖以及畜禽养殖废弃物综合利用和无害化处理活动，应当符合国家有关畜禽养殖污染防治的要求，并依法接受有关主管部门的监督检查。

第七条 国家鼓励和支持畜禽养殖污染防治以及畜禽养殖废弃物综合利用和无害化处理的科学技术研究和装备研发。各级人民政府应当支持先进适用技术的推广，促进畜禽养殖污染防治水平的提高。

第八条 任何单位和个人对违反本条例规定的行为，有权向县级以上人民政府环境保护等有关部门举报。接到举报的部门应当及时调查处理。

对在畜禽养殖污染防治中作出突出贡献的单位和个人，按照国家有关规定给予表彰和奖励。

第二章 预 防

第九条 县级以上人民政府农牧主管部门编制畜牧业发展规划，报本级人民政府或者其授权的部门批准实施。畜牧业发展规划应当统筹考虑环境承载能力以及畜禽养殖污染防治要求，合理布局，科学确定畜禽养殖的品种、规模、总量。

第十条 县级以上人民政府环境保护主管部门会同农牧主管部门编制畜禽养殖污染防治规划，报本级人民政府或者其授权的部门批准实施。畜禽养殖污染防治规划应当与畜牧业发展规划相衔接，统筹考虑畜禽养殖生产布局，明确畜禽养殖污染防治目标、任务、重点区域，明确污染治理重点设施建设，以及废弃物综合利用等污染防治措施。

第十一条 禁止在下列区域内建设畜禽养殖场、养殖小区：

（一）饮用水水源保护区，风景名胜区；

（二）自然保护区的核心区和缓冲区；

（三）城镇居民区、文化教育科学研究区等人口集中区域；

（四）法律、法规规定的其他禁止养殖区域。

第十二条 新建、改建、扩建畜禽养殖场、养殖小区，应当符合畜牧业发展规划、畜禽养殖污染防治规划，满足动物防疫条件，并进行环境影响评价。对环境可能造成重大影响的大型畜禽养殖场、养殖小区，应当编制环境影响报告书；其他畜禽养殖场、养殖小区应当填报环境影响登记表。大型畜禽养殖场、养殖小区的管理目录，由国务院环境保护主管部门商国务院农牧主管部门确定。

环境影响评价的重点应当包括：畜禽养殖产生的废弃物种类和数量，废弃物综合利用和无害化处理方案和措施，废弃物的消纳和处理情况以及向环境直接排放的情况，最终可能对水体、土壤等环境和人体健康产生的影响以及控制和减少影响的方案和措施等。

第十三条 畜禽养殖场、养殖小区应当根据养殖规模和污染防治需要，建设相应的畜禽粪便、污水与雨水分流设施，畜禽粪便、污水的贮存设施，粪污厌氧消化和堆沤、有机肥加工、制取沼气、沼渣沼液分离和输送、污水处理、畜禽尸体处理等综合利用和无害化处理设施。已经委托他人对畜禽养殖废弃物代为综合利用和无害化处理的，可以不自行建设综合利用和无害化处理设施。

未建设污染防治配套设施、自行建设的配套设施不合格，或者未委托他人对畜禽养殖废弃物进行综合利用和无害化处理的，畜禽养殖场、养殖小区不得投入生产或者使用。

畜禽养殖场、养殖小区自行建设污染防治配套设施的，应当确保其正常运行。

第十四条 从事畜禽养殖活动，应当采取科学的饲养方式和废弃物处理工艺等有效措施，减少畜禽养殖废弃物的产生量和向环境的排放量。

第三章 综合利用与治理

第十五条 国家鼓励和支持采取粪肥还田、制取沼气、制造有机肥等方法，对畜禽养殖废弃物进行综合利用。

第十六条 国家鼓励和支持采取种植和养殖相结合的方式消纳利用畜禽养殖废弃物，促进畜禽粪便、污水等废弃物就地就近利用。

第十七条 国家鼓励和支持沼气制取、有机肥生产等废弃物综合利用以及沼渣沼液输送和施用、沼气发电等相关配套设施建设。

第十八条 将畜禽粪便、污水、沼渣、沼液等用作肥料的，应当与土地的消纳能力相适应，并采取有效措施，消除可能引起传染病的微生物，防止污染环境和传播疫病。

第十九条 从事畜禽养殖活动和畜禽养殖废弃物处理活动，应当及时对畜禽粪便、畜禽尸体、污水等进行收集、贮存、清运，防止恶臭和畜禽养殖废弃物渗出、泄漏。

第二十条 向环境排放经过处理的畜禽养殖废弃物，应当符合国家和地方规定的污染物排放标准和总量控制指标。畜禽养殖废弃物未经处理，不得直接向环境排放。

第二十一条 染疫畜禽以及染疫畜禽排泄物、染疫畜禽产品、病死或者死因不明的畜禽尸体等病害畜禽养殖废弃物，应当按照有关法律、法规和国务院农牧主管部门的规定，进行深埋、化制、焚烧等无害化处理，不得随意处置。

第二十二条 畜禽养殖场、养殖小区应当定期将畜禽养殖品种、规模以及畜禽养殖废弃物的产生、排放和综合利用等情况，报县级人民政府环境保护主管部门备案。环境保护主管部门应当定期将备案情况抄送同级农牧主管部门。

第二十三条 县级以上人民政府环境保护主管部门应当依据职责对畜禽养殖污染防治情况进行监督检查，并加强对畜禽养殖环境污染的监测。

乡镇人民政府、基层群众自治组织发现畜禽养殖环境污染行为的，应当及时制止和报告。

第二十四条 对污染严重的畜禽养殖密集区域，市、县人民政府应当制定综合整治方案，采取组织建设畜禽养殖废弃物综合利用和无害化处理设施、有计划搬迁或者关闭畜禽养殖场所等措施，对畜禽养殖污染进行治理。

第二十五条 因畜牧业发展规划、土地利用总体规划、城乡规划调整以及划定禁止养殖区域，或者因对污染严重的畜禽养殖密集区域进行综合整治，确需关闭或者搬迁现有畜禽养殖场所，致使畜禽养殖者遭受经济损失的，由县级以上地方人民政府依法予以补偿。

第四章 激励措施

第二十六条 县级以上人民政府应当采取示范奖励等措施，扶持规模化、标准化畜禽养殖，支持畜禽养殖场、养殖小区进行标准化改造和污染防治设施建设与改造，鼓励分散饲养向集约饲养方式转变。

第二十七条 县级以上地方人民政府在组织编制土地利用总体规划过程中，应当统筹安排，将规模化畜禽养殖用地纳入规划，落实养殖用地。

国家鼓励利用废弃地和荒山、荒沟、荒丘、荒滩等未利用地开展规模化、标准化畜禽养殖。

畜禽养殖用地按农用地管理，并按照国家有关规定确定生产设施用地和必要的污染防治等附属设施用地。

第二十八条　建设和改造畜禽养殖污染防治设施，可以按照国家规定申请包括污染治理贷款贴息补助在内的环境保护等相关资金支持。

第二十九条　进行畜禽养殖污染防治，从事利用畜禽养殖废弃物进行有机肥产品生产经营等畜禽养殖废弃物综合利用活动的，享受国家规定的相关税收优惠政策。

第三十条　利用畜禽养殖废弃物生产有机肥产品的，享受国家关于化肥运力安排等支持政策；购买使用有机肥产品的，享受不低于国家关于化肥的使用补贴等优惠政策。

畜禽养殖场、养殖小区的畜禽养殖污染防治设施运行用电执行农业用电价格。

第三十一条　国家鼓励和支持利用畜禽养殖废弃物进行沼气发电，自发自用、多余电量接入电网。电网企业应当依照法律和国家有关规定为沼气发电提供无歧视的电网接入服务，并全额收购其电网覆盖范围内符合并网技术标准的多余电量。

利用畜禽养殖废弃物进行沼气发电的，依法享受国家规定的上网电价优惠政策。利用畜禽养殖废弃物制取沼气或进而制取天然气的，依法享受新能源优惠政策。

第三十二条　地方各级人民政府可以根据本地区实际，对畜禽养殖场、养殖小区支出的建设项目环境影响咨询费用给予补助。

第三十三条　国家鼓励和支持对染疫畜禽、病死或者死因不明畜禽尸体进行集中无害化处理，并按照国家有关规定对处理费用、养殖损失给予适当补助。

第三十四条　畜禽养殖场、养殖小区排放污染物符合国家和地方规定的污染物排放标准和总量控制指标，自愿与环境保护主管部门签订进一步削减污染物排放量协议的，由县级人民政府按照国家有关规定给予奖励，并优先列入县级以上人民政府安排的环境保护和畜禽养殖发展相关财政资金扶持范围。

第三十五条 畜禽养殖户自愿建设综合利用和无害化处理设施、采取措施减少污染物排放的，可以依照本条例规定享受相关激励和扶持政策。

第五章 法律责任

第三十六条 各级人民政府环境保护主管部门、农牧主管部门以及其他有关部门未依照本条例规定履行职责的，对直接负责的主管人员和其他直接责任人员依法给予处分；直接负责的主管人员和其他直接责任人员构成犯罪的，依法追究刑事责任。

第三十七条 违反本条例规定，在禁止养殖区域内建设畜禽养殖场、养殖小区的，由县级以上地方人民政府环境保护主管部门责令停止违法行为；拒不停止违法行为的，处 3 万元以上 10 万元以下的罚款，并报县级以上人民政府责令拆除或者关闭。在饮用水水源保护区建设畜禽养殖场、养殖小区的，由县级以上地方人民政府环境保护主管部门责令停止违法行为，处 10 万元以上 50 万元以下的罚款，并报经有批准权的人民政府批准，责令拆除或者关闭。

第三十八条 违反本条例规定，畜禽养殖场、养殖小区依法应当进行环境影响评价而未进行的，由有权审批该项目环境影响评价文件的环境保护主管部门责令停止建设，限期补办手续；逾期不补办手续的，处 5 万元以上 20 万元以下的罚款。

第三十九条 违反本条例规定，未建设污染防治配套设施或者自行建设的配套设施不合格，也未委托他人对畜禽养殖废弃物进行综合利用和无害化处理，畜禽养殖场、养殖小区即投入生产、使用，或者建设的污染防治配套设施未正常运行的，由县级以上人民政府环境保护主管部门责令停止生产或者使用，可以处10万元以下的罚款。

第四十条　违反本条例规定，有下列行为之一的，由县级以上地方人民政府环境保护主管部门责令停止违法行为，限期采取治理措施消除污染，依照《中华人民共和国水污染防治法》、《中华人民共和国固体废物污染环境防治法》的有关规定予以处罚：

（一）将畜禽养殖废弃物用作肥料，超出土地消纳能力，造成环境污染的；

（二）从事畜禽养殖活动或者畜禽养殖废弃物处理活动，未采取有效措施，导致畜禽养殖废弃物渗出、泄漏的。

第四十一条　排放畜禽养殖废弃物不符合国家或者地方规定的污染物排放标准或者总量控制指标，或者未经无害化处理直接向环境排放畜禽养殖废弃物的，由县级以上地方人民政府环境保护主管部门责令限期治理，可以处5万元以下的罚款。县级以上地方人民政府环境保护主管部门作出限期治理决定后，应当会同同级人民政府农牧等有关部门对整改措施的落实情况及时进行核查，并向社会公布核查结果。

第四十二条　未按照规定对染疫畜禽和病害畜禽养殖废弃物进行无害化处理的，由动物卫生监督机构责令无害化处理，所需处理费用由违法行为人承担，可以处3 000元以下的罚款。

第六章　附　则

第四十三条　畜禽养殖场、养殖小区的具体规模标准由省级人民政府确定，并报国务院环境保护主管部门和国务院农牧主管部门备案。

第四十四条　本条例自2014年1月1日起施行。

关于印发《排污许可证管理暂行规定》的通知

（环水体［2016］186号）

各省、自治区、直辖市环境保护厅（局），新疆生产建设兵团环境保护局：

为贯彻落实《控制污染物排放许可制实施方案》（国办发〔2016〕81号），规范排污许可证申请、审核、发放、管理等程序，我部组织编制了《排污许可证管理暂行规定》。现印发给你们，请遵照执行。各地可根据《排污许可证管理暂行规定》，进一步细化管理程序和要求，制定本地实施细则。

特此通知。

附件：排污许可证管理暂行规定

环境保护部

2016年12月23日

排污许可证管理暂行规定

第一条 为规范排污许可证管理，根据《中华人民共和国环境保护法》《中华人民共和国水污染防治法》《中华人民共和国大气污染防治法》《中华人民共和国行政许可法》等法律规定和《国务院办公厅关于印发控制污染物排放许可制实施方案的通知》（国办发〔2016〕81号），制定本规定。

第二条 排污许可证的申请、核发、实施、监管等行为，适用本规定。

第三条　本规定所称排污许可，是指环境保护主管部门依排污单位的申请和承诺，通过发放排污许可证法律文书形式，依法依规规范和限制排污单位排污行为并明确环境管理要求，依据排污许可证对排污单位实施监管执法的环境管理制度。

本规定所称排污单位特指纳入排污许可分类管理名录的企业事业单位和其他生产经营者。

第四条　下列排污单位应当实行排污许可管理：

（一）排放工业废气或者排放国家规定的有毒有害大气污染物的企业事业单位。

（二）集中供热设施的燃煤热源生产运营单位。

（三）直接或间接向水体排放工业废水和医疗污水的企业事业单位。

（四）城镇或工业污水集中处理设施的运营单位。

（五）依法应当实行排污许可管理的其他排污单位。

环境保护部按行业制订并公布排污许可分类管理名录，分批分步骤推进排污许可证管理。排污单位应当在名录规定的时限内持证排污，禁止无证排污或不按证排污。

第五条　环境保护部根据污染物产生量、排放量和环境危害程度的不同，在排污许可分类管理名录中规定对不同行业或同一行业的不同类型排污单位实行排污许可差异化管理。对污染物产生量和排放量较小、环境危害程度较低的排污单位实行排污许可简化管理，简化管理的内容包括申请材料、信息公开、自行监测、台账记录、执行报告的具体要求。

第六条　对排污单位排放水污染物、大气污染物的各类排污行为实行综合许可管理。排污单位申请并领取一个排污许可证，同一法人单位或其他组织所有，位于不同地点的排污单位，应当分别申请和领取排污许可证；不同法人单位或其他组织所有的排污单位，应当分别申请和领取排污许可证。

第七条　环境保护部负责全国排污许可制度的统一监督管理，制订相关政策、标准、规范，指导地方实施排污许可制度。

省、自治区、直辖市环境保护主管部门负责本行政区域排污许可制度的组织实施和监督。县级环境保护主管部门负责实施简化管理的排污许可证核发工作，其余的排污许可证原则上由地（市）级环境保护主管部门负责核发。地方性法规另有规定的从其规定。

按照国家有关规定，县级环境保护主管部门被调整为市级环境保护主管部门派出分局的，由市级环境保护主管部门组织所属派出分局实施排污许可证核发管理。

第八条　环境保护部负责建设、运行、维护、管理国家排污许可证管理信息平台，各地现有的排污许可证管理信息平台应实现数据的逐步接入。环境保护部在统一社会信用代码基础上，通过国家排污许可证管理信息平台对全国的排污许可证实行统一编码。排污许可证申请、受理、审核、发放、变更、延续、注销、撤销、遗失补办应当在国家排污许可证管理信息平台上进行。排污许可证的执行、监管执法、社会监督等信息应当在国家排污许可证管理信息平台上记录。

第二章　排污许可证内容

第九条　排污许可证由正本和副本构成，正本载明基本信息，副本载明基本信息、许可事项、管理要求等信息。

第十条　下列许可事项应当在排污许可证副本中载明：

（一）排污口位置和数量、排放方式、排放去向等。

（二）排放污染物种类、许可排放浓度、许可排放量。

（三）法律法规规定的其他许可事项。

对实行排污许可简化管理的排污单位，许可事项可只包括（一）以及（二）中的排放污染物种类、许可排放浓度。

核发机关根据污染物排放标准、总量控制指标、环境影响评价文件及批复要求等，依法合理确定排放污染物种类、浓度及排放量。

对新改扩建项目的排污单位，环境保护主管部门对上述内容进行许可时应当将环境影响评价文件及批复的相关要求作为重要依据。

排污单位承诺执行更加严格的排放浓度和排放量并为此享受国家或地方优惠政策的，应当将更加严格的排放浓度和排放量在副本中载明。

地方人民政府制定的环境质量限期达标规划、重污染天气应对措施中，对排污单位污染物排放有特别要求的，应当在排污许可证副本中载明。

第十一条　下列环境管理要求应当在排污许可证副本中载明：

（一）污染防治设施运行、维护，无组织排放控制等环境保护措施要求。

（二）自行监测方案、台账记录、执行报告等要求。

（三）排污单位自行监测、执行报告等信息公开要求。

（四）法律法规规定的其他事项。

对实行排污许可简化管理的可作适当简化。

第十二条　排污许可证正本和副本应载明排污单位名称、注册地址、法定代表人或者实际负责人、生产经营场所地址、行业类别、组织机构代码、统一社会信用代码等排污单位基本信息，以及排污许可证有效期限、发证机关、发证日期、证书编号和二维码等信息。

排污许可证副本还应载明主要生产装置、主要产品及产能、主要原辅材料、产排污环节、污染防治设施、排污权有偿使用和交易等信息。对实行排污许可简化管理的可作适当简化。

各地可根据管理需求在排污许可证副本载明其他信息。

第三章　申请与核发

第十三条　省级环境保护主管部门可以根据环境保护部确定的期限等要求，确定本行政区域具体的申请时限、核发机关、申请程序等相关事项，并向社会公告。

第十四条　现有排污单位应当在规定的期限内向具有排污许可证核发权限的核发机关申请领取排污许可证。

新建项目的排污单位应当在投入生产或使用并产生实际排污行为之前申请领取排污许可证。

第十五条　环境保护部制定排污许可证申请与核发技术规范，排污单位依法按照排污许可证申请与核发技术规范提交排污许可申请，申报排放污染物种类、排放浓度等，测算并申报污染物排放量。

第十六条　排污单位在申请排污许可证前，应当将主要申请内容，包括排污单位基本信息、拟申请的许可事项、产排污环节、污染防治设施，通过国家排污许可证管理信息平台或者其他规定途径等便于公众知晓的方式向社会公开。公开时间不得少于 5 日。对实行排污许可简化管理的排污单位，可不进行申请前信息公开。

第十七条　排污单位应当在国家排污许可证管理信息平台上填报并提交排污许可证申请，同时向有核发权限的环境保护主管部门提交通过平台印制的书面申请材料。排污单位对申请材料的真实性、合法性、完整性负法律责任。申请材料应当包括：

（一）排污许可证申请表，主要内容包括：排污单位基本信息，主要生产装置，废气、废水等产排污环节和污染防治设施，申请的排污口位置和数量、排放方式、排放去向、排放污染物种类、排放浓度和排放量、执行的排放标准。排污许可证申请表格式见附件。

（二）有排污单位法定代表人或者实际负责人签字或盖章的承诺书。

主要承诺内容包括：对申请材料真实性、合法性、完整性负法律责任；按排污许可证的要求控制污染物排放；按照相关标准规范开展自行监测、台账记录；按时提交执行报告并及时公开相关信息等。

（三）排污单位按照有关要求进行排污口和监测孔规范化设置的情况说明。

（四）建设项目环境影响评价批复文号，或按照《国务院办公厅关于加强环境监管执法的通知》（国办发〔2014〕56号）要求，经地方政府依法处理、整顿规范并符合要求的相关证明材料。

（五）城镇污水集中处理设施还应提供纳污范围、纳污企业名单、管网布置、最终排放去向等材料。

（六）法律法规规定的其他材料。

对实行排污许可简化管理的排污单位，上述材料可适当简化。

第十八条　核发机关收到排污单位提交的申请材料后，对材料的完整性、规范性进行审查，按照下列情形分别作出处理：

（一）依本规定不需要取得排污许可证的，应当即时告知排污单位不需要办理。

（二）不属于本行政机关职权范围的，应当即时作出不予受理的决定，并告知排污单位有核发权限的机关。

（三）申请材料不齐全的，应当当场或在五日内出具一次性告知单，告知排污单位需要补充的全部材料。逾期不告知的，自收到申请材料之日起即为受理。

（四）申请材料不符合规定的，应当当场或在五日内出具一次性告知单，告知排污单位需要改正的全部内容。可以当场改正的，应当允许排污单位当场改正。逾期不告知的，自收到申请材料之日起即为受理。

（五）属于本行政机关职权范围，申请材料齐全、符合规定，或者排污单位按要求提交全部补正申请材料的，应当受理。

核发机关应当在国家排污许可证管理信息平台上作出受理或者不予受理排污许可申请的决定，同时向排污单位出具加盖本行政机关专用印章和注明日期的受理单或不予受理告知单。

第十九条 核发机关根据排污单位申请材料和承诺，对满足下列条件的排污单位核发排污许可证，对申请材料中存在疑问的，可开展现场核查。

（一）不属于国家或地方政府明确规定予以淘汰或取缔的。

（二）不位于饮用水水源保护区等法律法规明确规定禁止建设区域内。

（三）有符合国家或地方要求的污染防治设施或污染物处理能力。

（四）申请的排放浓度符合国家或地方规定的相关标准和要求，排放量符合排污许可证申请与核发技术规范的要求。

（五）申请表中填写的自行监测方案、执行报告上报频次、信息公开方案符合相关技术规范要求。

（六）对新改扩建项目的排污单位，还应满足环境影响评价文件及其批复的相关要求，如果是通过污染物排放等量或减量替代削减获得总量指标的，还应审核被替代削减的排污单位排污许可证变更情况。

（七）排污口设置符合国家或地方的要求。

（八）法律法规规定的其他要求。

核发机关根据审核结果，自受理申请之日起二十日内作出是否准予许可的决定。二十日内不能作出决定的，经本行政机关负责人批准，可以延长十日，并将延长期限理由告知排污单位。依法需要听证、检验、检测和专家评审的，所需时间不计算在本规定的期限内。行政机关应当将所需时间书面告知申请人。

核发机关作出准予许可决定的，须向国家排污许可管理信息平台提交审核结果材料并申请获取全国统一的排污许可证编码。

核发机关应自作出许可决定起十日内，向排污单位发放加盖本行政机关印章的排污许可证，并在国家排污许可证管理信息平台上进行公告；作出不予许可决定的，核发机关应当出具不予许可书面决定书，书面告知排污单位不予许可的理由以及享有依法申请行政复议或提请行政诉讼的权利，并在国家排污许可证管理信息平台上进行公告。

第二十条 在排污许可证有效期内，下列事项发生变化的，排污单位应当在规定时间内向原核发机关提出变更排污许可证的申请。

（一）排污单位名称、注册地址、法定代表人或者实际负责人等正本中载明的基本信息发生变更之日起二十日内。

（二）第十条中许可事项发生变更之日前二十日内。

（三）排污单位在原场址内实施新改扩建项目应当开展环境影响评价的，在通过环境影响评价审批或者备案后，产生实际排污行为之前二十日内。

（四）国家或地方实施新污染物排放标准的，核发机关应主动通知排污单位进行变更，排污单位在接到通知后二十日内申请变更。

（五）政府相关文件或与其他企业达成协议，进行区域替代实现减量排放的，应在文件或协议规定时限内提出变更申请。

（六）需要进行变更的其他情形。

第二十一条 申请变更排污许可证的，应当提交下列申请材料：

（一）排污许可证申请表。

（二）排污许可证正本、副本复印件。

（三）与变更排污许可事项有关的其他材料。

排污单位应当书面承诺对变更申请材料的真实性、合法性、完整性负法律责任以及严格执行变更后排污许可证的规定。

第二十二条 核发机关应当对变更申请材料进行审查。同意变更的，在副本中载明变更内容并加盖本行政机关印章，发证日期和有效期与原证书一致。

发生第二十条第一项变更的，核发机关应当自受理变更申请之日起十日内作出变更决定，并换发排污许可证正本。发生其他变更的，核发机关应当自受理变更申请之日起二十日内作出变更许可决定。

第二十三条 排污许可证有效期届满后需要继续排放污染物的，排污单位应当在有效期届满前三十日向原核发机关提出延续申请。

第二十四条 申请延续排污许可证的，应当提交下列材料：

（一）排污许可证申请表。

（二）排污许可证正本、副本复印件。

（三）与延续排污许可事项有关的其他材料。

第二十五条 核发机关应当对延续申请材料进行审查。同意延续的，应当自受理延续申请之日起二十日内作出延续许可决定，向排污单位发放加盖本行政机关印章的排污许可证，并在国家排污许可证管理信息平台上进行公告，同时收回原排污许可证正本、副本。

第二十六条 有下列情形之一的，排污许可证核发机关或其上级机关，可以撤销排污许可决定并及时在国家排污许可证管理信息平台上进行公告。

（一）超越法定职权核发排污许可证的。

（二）违反法定程序核发排污许可证的。

（三）核发机关工作人员滥用职权、玩忽职守核发排污许可证的。

（四）对不具备申请资格或者不符合法定条件的申请人准予行政许可的。

（五）排污单位以欺骗、贿赂等不正当手段取得排污许可证的。

（六）依法可以撤销排污许可决定的其他情形。

第二十七条 有下列情形之一的，核发机关应当依法办理排污许可证的注销手续并及时在国家排污许可证管理信息平台上进行公告。

（一）排污许可证有效期届满，未延续的。

（二）排污单位被依法终止不再排放污染物的。

（三）法律规定应当注销的其他情形。

第二十八条　排污许可证发生遗失、损毁的，排污单位应当在三十日内向原核发机关申请补领排污许可证，遗失排污许可证的还应同时提交遗失声明，损毁排污许可证的还应同时交回被损毁的许可证。核发机关应当在收到补领申请后十日内补发排污许可证，并及时在国家排污许可证管理信息平台上进行公告。

第二十九条　排污许可证自发证之日起生效。按本规定首次发放的排污许可证有效期为三年，延续换发排污许可证有效期为五年。

第三十条　禁止涂改、伪造排污许可证。禁止以出租、出借、买卖或其他方式转让排污许可证。排污单位应当在生产经营场所内方便公众监督的位置悬挂排污许可证正本。

第三十一条　环境保护主管部门实施排污许可不得收取费用。

第四章　实施与监管

第三十二条　排污单位应当严格执行排污许可证的规定，遵守下列要求：

（一）排污口位置和数量、排放方式、排放去向、排放污染物种类、排放浓度和排放量、执行的排放标准等符合排污许可证的规定，不得私设暗管或以其他方式逃避监管。

（二）落实重污染天气应急管控措施、遵守法律规定的最新环境保护要求等。

（三）按排污许可证规定的监测点位、监测因子、监测频次和相关监测技术规范开展自行监测并公开。

（四）按规范进行台账记录，主要内容包括生产信息、燃料、原辅材料使用情况、污染防治设施运行记录、监测数据等。

（五）按排污许可证规定，定期在国家排污许可证管理信息平台填报信息，编制排污许可证执行报告，及时报送有核发权的环境保护主管部门并公开，执行报告主要内容包括生产信息、污染防治设施运行情况、污染物按证排放情况等。

（六）法律法规规定的其他义务。

第三十三条 环境保护主管部门应依据排污许可证对排污单位排放污染物行为进行监管执法，检查许可事项的落实情况，审核排污单位台账记录和许可证执行报告，检查污染防治设施运行、自行监测、信息公开等排污许可证管理要求的执行情况。

对投诉举报多、有严重违法违规记录等情况的排污单位，要提高抽查比例；对实行排污许可简化管理的排污单位以及环保诚信度高、无违法违规记录的排污单位，可减少检查频次。

在国家排污许可证管理信息平台上公布监督检查情况，对检查中发现违反排污许可证行为的，应记入企业信用信息公示系统。

环境保护主管部门可通过政府购买服务的方式，委托第三方机构对排污单位的台账记录和执行报告进行审核，提出审核意见，作为环境保护主管部门监督检查的依据。

第三十四条 上级环境保护主管部门可采取随机抽查的方式对具有核发权限的下级环境保护管理部门的排污许可证核发情况进行监督检查和指导。

对违规发放的排污许可证，上级环境保护主管部门可根据本规定撤销许可，并责令改正；对于下级环境保护主管部门违反规定发放排污许可证，情节特别严重的，由上级环境保护主管部门撤销违规发放的排污许可证并责令整改，对直接负责核发的主管人员和其他直接责任人员依法给予行政处分。

第三十五条 鼓励社会公众、新闻媒体等对排污单位的排污行为进行监督。排污单位应及时公开信息，畅通与公众沟通的渠道，自觉接受公众监督。公民、法人和其他组织发现违反本规定行为的，有权向环境保护主管部门举报。接受举报的环境保护主管部门应当依法调查处理，并按有关规定对调查结果予以反馈，同时为举报人保密。

第三十六条 除涉及国家机密或商业秘密之外，排污单位应当按本规定第十一条第（三）项规定，及时在国家排污许可证管理信息平台上公开相关信息；环境保护主管部门应当在国家排污许可管理信息平台公开排污许可监督管理和执法信息。

国家排污许可证管理信息平台应当公布排污许可的管理服务指南和相关配套文件。管理服务指南应当列明排污许可证办理流程、办理时限、所需的申请材料、受理方式、审核要求等内容。

第五章 附 则

第三十七条 在本规定实施前依据地方性法规核发的排污许可证仍然有效。原核发机关应当在国家排污许可证管理信息平台填报数据，获取排污许可证编码。

对于其他仍在有效期内的排污许可证，持证排污单位应按照《国务院办公厅关于印发控制污染物排放许可制实施方案的通知》（国办发〔2016〕81号）和本规定，向具有核发权限的机关申请核发排污许可证。

附：1. 承诺书（样本）（略）

2. 排污许可证申请表（试行）（略）

3. 排污许可证（样本）（略）

排污许可管理办法（试行）

第一章 总 则

第一条 为规范排污许可管理，根据《中华人民共和国环境保护法》《中华人民共和国水污染防治法》《中华人民共和国大气污染防治法》以及国务院办公厅印发的《控制污染物排放许可制实施方案》，制定本办法。

第二条 排污许可证的申请、核发、执行以及与排污许可相关的监管和处罚等行为，适用本办法。

第三条 环境保护部依法制定并公布固定污染源排污许可分类管理名录，明确纳入排污许可管理的范围和申领时限。

纳入固定污染源排污许可分类管理名录的企业事业单位和其他生产经营者（以下简称排污单位）应当按照规定的时限申请并取得排污许可证；未纳入固定污染源排污许可分类管理名录的排污单位，暂不需申请排污许可证。

第四条 排污单位应当依法持有排污许可证，并按照排污许可证的规定排放污染物。

应当取得排污许可证而未取得的，不得排放污染物。

第五条 对污染物产生量大、排放量大或者环境危害程度高的排污单位实行排污许可重点管理，对其他排污单位实行排污许可简化管理。

实行排污许可重点管理或者简化管理的排污单位的具体范围，依照固定污染源排污许可分类管理名录规定执行。实行重点管理和简化管理的内容及要求，依照本办法第十一条规定的排污许可相关技术规范、指南等执行。

设区的市级以上地方环境保护主管部门，应当将实行排污许可重点管理的排污单位确定为重点排污单位。

第六条　环境保护部负责指导全国排污许可制度实施和监督。各省级环境保护主管部门负责本行政区域排污许可制度的组织实施和监督。

排污单位生产经营场所所在地设区的市级环境保护主管部门负责排污许可证核发。地方性法规对核发权限另有规定的，从其规定。

第七条　同一法人单位或者其他组织所属、位于不同生产经营场所的排污单位，应当以其所属的法人单位或者其他组织的名义，分别向生产经营场所所在地有核发权的环境保护主管部门（以下简称核发环保部门）申请排污许可证。

生产经营场所和排放口分别位于不同行政区域时，生产经营场所所在地核发环保部门负责核发排污许可证，并应当在核发前，征求其排放口所在地同级环境保护主管部门意见。

第八条　依据相关法律规定，环境保护主管部门对排污单位排放水污染物、大气污染物等各类污染物的排放行为实行综合许可管理。

2015 年 1 月 1 日及以后取得建设项目环境影响评价审批意见的排污单位，环境影响评价文件及审批意见中与污染物排放相关的主要内容应当纳入排污许可证。

第九条　环境保护部对实施排污许可管理的排污单位及其生产设施、污染防治设施和排放口实行统一编码管理。

第十条　环境保护部负责建设、运行、维护、管理全国排污许可证管理信息平台。

排污许可证的申请、受理、审核、发放、变更、延续、注销、撤销、遗失补办应当在全国排污许可证管理信息平台上进行。排污单位自行监测、执行报告及环境保护主管部门监管执法信息应当在全国排污许可证管理信息平台上记载，并按照本办法规定在全国排污许可证管理信息平台上公开。

全国排污许可证管理信息平台中记录的排污许可证相关电子信息与排污许可证正本、副本依法具有同等效力。

第十一条 环境保护部制定排污许可证申请与核发技术规范、环境管理台账及排污许可证执行报告技术规范、排污单位自行监测技术指南、污染防治可行技术指南以及其他排污许可政策、标准和规范。

第二章 排污许可证内容

第十二条 排污许可证由正本和副本构成，正本载明基本信息，副本包括基本信息、登记事项、许可事项、承诺书等内容。

设区的市级以上地方环境保护主管部门可以根据环境保护地方性法规，增加需要在排污许可证中载明的内容。

第十三条 以下基本信息应当同时在排污许可证正本和副本中载明：

（一）排污单位名称、注册地址、法定代表人或者主要负责人、技术负责人、生产经营场所地址、行业类别、统一社会信用代码等排污单位基本信息；

（二）排污许可证有效期限、发证机关、发证日期、证书编号和二维码等基本信息。

第十四条 以下登记事项由排污单位申报，并在排污许可证副本中记录：

（一）主要生产设施、主要产品及产能、主要原辅材料等；

（二）产排污环节、污染防治设施等；

（三）环境影响评价审批意见、依法分解落实到本单位的重点污染物排放总量控制指标、排污权有偿使用和交易记录等。

第十五条　下列许可事项由排污单位申请，经核发环保部门审核后，在排污许可证副本中进行规定：

（一）排放口位置和数量、污染物排放方式和排放去向等，大气污染物无组织排放源的位置和数量；

（二）排放口和无组织排放源排放污染物的种类、许可排放浓度、许可排放量；

（三）取得排污许可证后应当遵守的环境管理要求；

（四）法律法规规定的其他许可事项。

第十六条　核发环保部门应当根据国家和地方污染物排放标准，确定排污单位排放口或者无组织排放源相应污染物的许可排放浓度。

排污单位承诺执行更加严格的排放浓度的，应当在排污许可证副本中规定。

第十七条　核发环保部门按照排污许可证申请与核发技术规范规定的行业重点污染物允许排放量核算方法，以及环境质量改善的要求，确定排污单位的许可排放量。

对于本办法实施前已有依法分解落实到本单位的重点污染物排放总量控制指标的排污单位，核发环保部门应当按照行业重点污染物允许排放量核算方法、环境质量改善要求和重点污染物排放总量控制指标，从严确定许可排放量。

2015 年 1 月 1 日及以后取得环境影响评价审批意见的排污单位，环境影响评价文件和审批意见确定的排放量严于按照本条第一款、第二款确定的许可排放量的，核发环保部门应当根据环境影响评价文件和审批意见要求确定排污单位的许可排放量。

地方人民政府依法制定的环境质量限期达标规划、重污染天气应对措施要求排污单位执行更加严格的重点污染物排放总量控制指标的，应当在排污许可证副本中规定。

本办法实施后，环境保护主管部门应当按照排污许可证规定的许可排放量，确定排污单位的重点污染物排放总量控制指标。

第十八条 下列环境管理要求由核发环保部门根据排污单位的申请材料、相关技术规范和监管需要，在排污许可证副本中进行规定：

（一）污染防治设施运行和维护、无组织排放控制等要求；

（二）自行监测要求、台账记录要求、执行报告内容和频次等要求；

（三）排污单位信息公开要求；

（四）法律法规规定的其他事项。

第十九条 排污单位在申请排污许可证时，应当按照自行监测技术指南，编制自行监测方案。

自行监测方案应当包括以下内容：

（一）监测点位及示意图、监测指标、监测频次；

（二）使用的监测分析方法、采样方法；

（三）监测质量保证与质量控制要求；

（四）监测数据记录、整理、存档要求等。

第二十条 排污单位在填报排污许可证申请时，应当承诺排污许可证申请材料是完整、真实和合法的；承诺按照排污许可证的规定排放污染物，落实排污许可证规定的环境管理要求，并由法定代表人或者主要负责人签字或者盖章。

第二十一条 排污许可证自作出许可决定之日起生效。首次发放的排污许可证有效期为三年，延续换发的排污许可证有效期为五年。

对列入国务院经济综合宏观调控部门会同国务院有关部门发布的产业政策目录中计划淘汰的落后工艺装备或者落后产品，排污许可证有效期不得超过计划淘汰期限。

第二十二条 环境保护主管部门核发排污许可证，以及监督检查排污许可证实施情况时，不得收取任何费用。

第三章　申请与核发

第二十三条　省级环境保护主管部门应当根据本办法第六条和固定污染源排污许可分类管理名录，确定本行政区域内负责受理排污许可证申请的核发环保部门、申请程序等相关事项，并向社会公告。

依据环境质量改善要求，部分地区决定提前对部分行业实施排污许可管理的，该地区省级环境保护主管部门应当报环境保护部备案后实施，并向社会公告。

第二十四条　在固定污染源排污许可分类管理名录规定的时限前已经建成并实际排污的排污单位，应当在名录规定时限申请排污许可证；在名录规定的时限后建成的排污单位，应当在启动生产设施或者在实际排污之前申请排污许可证。

第二十五条　实行重点管理的排污单位在提交排污许可申请材料前，应当将承诺书、基本信息以及拟申请的许可事项向社会公开。公开途径应当选择包括全国排污许可证管理信息平台等便于公众知晓的方式，公开时间不得少于五个工作日。

第二十六条　排污单位应当在全国排污许可证管理信息平台上填报并提交排污许可证申请，同时向核发环保部门提交通过全国排污许可证管理信息平台印制的书面申请材料。

申请材料应当包括：

（一）排污许可证申请表，主要内容包括：排污单位基本信息，主要生产设施、主要产品及产能、主要原辅材料，废气、废水等产排污环节和污染防治设施，申请的排放口位置和数量、排放方式、排放去向，按照排放口和生产设施或者车间申请的排放污染物种类、排放浓度和排放量，执行的排放标准；

（二）自行监测方案；

（三）由排污单位法定代表人或者主要负责人签字或者盖章的承诺书；

（四）排污单位有关排污口规范化的情况说明；

（五）建设项目环境影响评价文件审批文号，或者按照有关国家规定经地方人民政府依法处理、整顿规范并符合要求的相关证明材料；

（六）排污许可证申请前信息公开情况说明表；

（七）污水集中处理设施的经营管理单位还应当提供纳污范围、纳污排污单位名单、管网布置、最终排放去向等材料；

（八）本办法实施后的新建、改建、扩建项目排污单位存在通过污染物排放等量或者减量替代削减获得重点污染物排放总量控制指标情况的，且出让重点污染物排放总量控制指标的排污单位已经取得排污许可证的，应当提供出让重点污染物排放总量控制指标的排污单位的排污许可证完成变更的相关材料；

（九）法律法规规章规定的其他材料。

主要生产设施、主要产品产能等登记事项中涉及商业秘密的，排污单位应当进行标注。

第二十七条 核发环保部门收到排污单位提交的申请材料后，对材料的完整性、规范性进行审查，按照下列情形分别作出处理：

（一）依照本办法不需要取得排污许可证的，应当当场或者在五个工作日内告知排污单位不需要办理；

（二）不属于本行政机关职权范围的，应当当场或者在五个工作日内作出不予受理的决定，并告知排污单位向有核发权限的部门申请；

（三）申请材料不齐全或者不符合规定的，应当当场或者在五个工作日内出具告知单，告知排污单位需要补正的全部材料，可以当场更正的，应当允许排污单位当场更正；

（四）属于本行政机关职权范围，申请材料齐全、符合规定，或者排污单位按照要求提交全部补正申请材料的，应当受理。

核发环保部门应当在全国排污许可证管理信息平台上作出受理或者不予受理排污许可证申请的决定，同时向排污单位出具加盖本行政机关专用印章和注明日期的受理单或者不予受理告知单。

核发环保部门应当告知排污单位需要补正的材料，但逾期不告知的，自收到书面申请材料之日起即视为受理。

第二十八条 对存在下列情形之一的，核发环保部门不予核发排污许可证：

（一）位于法律法规规定禁止建设区域内的；

（二）属于国务院经济综合宏观调控部门会同国务院有关部门发布的产业政策目录中明令淘汰或者立即淘汰的落后生产工艺装备、落后产品的；

（三）法律法规规定不予许可的其他情形。

第二十九条 核发环保部门应当对排污单位的申请材料进行审核，对满足下列条件的排污单位核发排污许可证：

（一）依法取得建设项目环境影响评价文件审批意见，或者按照有关规定经地方人民政府依法处理、整顿规范并符合要求的相关证明材料；

（二）采用的污染防治设施或者措施有能力达到许可排放浓度要求；

（三）排放浓度符合本办法第十六条规定，排放量符合本办法第十七条规定；

（四）自行监测方案符合相关技术规范；

（五）本办法实施后的新建、改建、扩建项目排污单位存在通过污染物排放等量或者减量替代削减获得重点污染物排放总量控制指标情况的，出让重点污染物排放总量控制指标的排污单位已完成排污许可证变更。

第三十条 对采用相应污染防治可行技术的，或者新建、改建、扩建建设项目排污单位采用环境影响评价审批意见要求的污染治理技术的，核发环保部门可以认为排污单位采用的污染防治设施或者措施有能力达到许可排放浓度要求。

不符合前款情形的，排污单位可以通过提供监测数据予以证明。监测数据应当通过使用符合国家有关环境监测、计量认证规定和技术规范的监测设备取得；对于国内首次采用的污染治理技术，应当提供工程试验数据予以证明。

环境保护部依据全国排污许可证执行情况，适时修订污染防治可行技术指南。

第三十一条 核发环保部门应当自受理申请之日起二十个工作日内作出是否准予许可的决定。自作出准予许可决定之日起十个工作日内，核发环保部门向排污单位发放加盖本行政机关印章的排污许可证。

核发环保部门在二十个工作日内不能作出决定的，经本部门负责人批准，可以延长十个工作日，并将延长期限的理由告知排污单位。

依法需要听证、检验、检测和专家评审的，所需时间不计算在本条所规定的期限内。核发环保部门应当将所需时间书面告知排污单位。

第三十二条 核发环保部门作出准予许可决定的，须向全国排污许可证管理信息平台提交审核结果，获取全国统一的排污许可证编码。

核发环保部门作出准予许可决定的，应当将排污许可证正本以及副本中基本信息、许可事项及承诺书在全国排污许可证管理信息平台上公告。

核发环保部门作出不予许可决定的，应当制作不予许可决定书，书面告知排污单位不予许可的理由，以及依法申请行政复议或者提起行政诉讼的权利，并在全国排污许可证管理信息平台上公告。

第四章　实施与监管

第三十三条　禁止涂改排污许可证。禁止以出租、出借、买卖或者其他方式非法转让排污许可证。排污单位应当在生产经营场所内方便公众监督的位置悬挂排污许可证正本。

第三十四条　排污单位应当按照排污许可证规定，安装或者使用符合国家有关环境监测、计量认证规定的监测设备，按照规定维护监测设施，开展自行监测，保存原始监测记录。

实施排污许可重点管理的排污单位，应当按照排污许可证规定安装自动监测设备，并与环境保护主管部门的监控设备联网。

对未采用污染防治可行技术的，应当加强自行监测，评估污染防治技术达标可行性。

第三十五条　排污单位应当按照排污许可证中关于台账记录的要求，根据生产特点和污染物排放特点，按照排污口或者无组织排放源进行记录。记录主要包括以下内容：

（一）与污染物排放相关的主要生产设施运行情况；发生异常情况的，应当记录原因和采取的措施；

（二）污染防治设施运行情况及管理信息；发生异常情况的，应当记录原因和采取的措施；

（三）污染物实际排放浓度和排放量；发生超标排放情况的，应当记录超标原因和采取的措施；

（四）其他按照相关技术规范应当记录的信息。

台账记录保存期限不少于三年。

第三十六条　污染物实际排放量按照排污许可证规定的废气、污水的排污口、生产设施或者车间分别计算，依照下列方法和顺序计算：

（一）依法安装使用了符合国家规定和监测规范的污染物自动监测设备的，按照污染物自动监测数据计算；

（二）依法不需安装污染物自动监测设备的，按照符合国家规定和监测规范的污染物手工监测数据计算；

（三）不能按照本条第一项、第二项规定的方法计算的，包括依法应当安装而未安装污染物自动监测设备或者自动监测设备不符合规定的，按照环境保护部规定的产排污系数、物料衡算方法计算。

第三十七条 排污单位应当按照排污许可证规定的关于执行报告内容和频次的要求，编制排污许可证执行报告。

排污许可证执行报告包括年度执行报告、季度执行报告和月执行报告。

排污单位应当每年在全国排污许可证管理信息平台上填报、提交排污许可证年度执行报告并公开，同时向核发环保部门提交通过全国排污许可证管理信息平台印制的书面执行报告。书面执行报告应当由法定代表人或者主要负责人签字或者盖章。

季度执行报告和月执行报告至少应当包括以下内容：

（一）根据自行监测结果说明污染物实际排放浓度和排放量及达标判定分析；

（二）排污单位超标排放或者污染防治设施异常情况的说明。

年度执行报告可以替代当季度或者当月的执行报告，并增加以下内容：

（一）排污单位基本生产信息；

（二）污染防治设施运行情况；

（三）自行监测执行情况；

（四）环境管理台账记录执行情况；

（五）信息公开情况；

（六）排污单位内部环境管理体系建设与运行情况；

（七）其他排污许可证规定的内容执行情况等。

建设项目竣工环境保护验收报告中与污染物排放相关的主要内容，应当由排污单位记载在该项目验收完成当年排污许可证年度执行报告中。

排污单位发生污染事故排放时，应当依照相关法律法规规章的规定及时报告。

第三十八条　排污单位应当对提交的台账记录、监测数据和执行报告的真实性、完整性负责，依法接受环境保护主管部门的监督检查。

第三十九条　环境保护主管部门应当制定执法计划，结合排污单位环境信用记录，确定执法监管重点和检查频次。

环境保护主管部门对排污单位进行监督检查时，应当重点检查排污许可证规定的许可事项的实施情况。通过执法监测、核查台账记录和自动监测数据以及其他监控手段，核实排污数据和执行报告的真实性，判定是否符合许可排放浓度和许可排放量，检查环境管理要求落实情况。

环境保护主管部门应当将现场检查的时间、内容、结果以及处罚决定记入全国排污许可证管理信息平台，依法在全国排污许可证管理信息平台上公布监管执法信息、无排污许可证和违反排污许可证规定排污的排污单位名单。

第四十条　环境保护主管部门可以通过政府购买服务的方式，组织或者委托技术机构提供排污许可管理的技术支持。

技术机构应当对其提交的技术报告负责，不得收取排污单位任何费用。

第四十一条　上级环境保护主管部门可以对具有核发权限的下级环

境保护主管部门的排污许可证核发情况进行监督检查和指导，发现属于本办法第四十九条规定违法情形的，上级环境保护主管部门可以依法撤销。

第四十二条 鼓励社会公众、新闻媒体等对排污单位的排污行为进行监督。排污单位应当及时公开有关排污信息，自觉接受公众监督。

公民、法人和其他组织发现排污单位有违反本办法行为的，有权向环境保护主管部门举报。

接受举报的环境保护主管部门应当依法处理，并按照有关规定对调查结果予以反馈，同时为举报人保密。

第五章 变更、延续、撤销

第四十三条 在排污许可证有效期内，下列与排污单位有关的事项发生变化的，排污单位应当在规定时间内向核发环保部门提出变更排污许可证的申请：

（一）排污单位名称、地址、法定代表人或者主要负责人等正本中载明的基本信息发生变更之日起三十个工作日内；

（二）因排污单位原因许可事项发生变更之日前三十个工作日内；

（三）排污单位在原场址内实施新建、改建、扩建项目应当开展环境影响评价的，在取得环境影响评价审批意见后，排污行为发生变更之日前三十个工作日内；

（四）新制修订的国家和地方污染物排放标准实施前三十个工作日内；

（五）依法分解落实的重点污染物排放总量控制指标发生变化后三十个工作日内；

（六）地方人民政府依法制定的限期达标规划实施前三十个工作日内；

（七）地方人民政府依法制定的重污染天气应急预案实施后三十个工作日内；

（八）法律法规规定需要进行变更的其他情形。

发生本条第一款第三项规定情形，且通过污染物排放等量或者减量替代削减获得重点污染物排放总量控制指标的，在排污单位提交变更排污许可申请前，出让重点污染物排放总量控制指标的排污单位应当完成排污许可证变更。

第四十四条　申请变更排污许可证的，应当提交下列申请材料：

（一）变更排污许可证申请；

（二）由排污单位法定代表人或者主要负责人签字或者盖章的承诺书；

（三）排污许可证正本复印件；

（四）与变更排污许可事项有关的其他材料。

第四十五条　核发环保部门应当对变更申请材料进行审查，作出变更决定的，在排污许可证副本中载明变更内容并加盖本行政机关印章，同时在全国排污许可证管理信息平台上公告；属于本办法第四十三条第一款第一项情形的，还应当换发排污许可证正本。

属于本办法第四十三条第一款规定情形的，排污许可证期限仍自原证书核发之日起计算；属于本办法第四十三条第二款情形的，变更后排污许可证期限自变更之日起计算。

属于本办法第四十三条第一款第一项情形的，核发环保部门应当自受理变更申请之日起十个工作日内作出变更决定；属于本办法第四十三条第一款规定的其他情形的，应当自受理变更申请之日起二十个工作日内作出变更许可决定。

第四十六条　排污单位需要延续依法取得的排污许可证的有效期的，应当在排污许可证届满三十个工作日前向原核发环保部门提出申请。

第四十七条 申请延续排污许可证的，应当提交下列材料：

（一）延续排污许可证申请；

（二）由排污单位法定代表人或者主要负责人签字或者盖章的承诺书；

（三）排污许可证正本复印件；

（四）与延续排污许可事项有关的其他材料。

第四十八条 核发环保部门应当按照本办法第二十九条规定对延续申请材料进行审查，并自受理延续申请之日起二十个工作日内作出延续或者不予延续许可决定。

作出延续许可决定的，向排污单位发放加盖本行政机关印章的排污许可证，收回原排污许可证正本，同时在全国排污许可证管理信息平台上公告。

第四十九条 有下列情形之一的，核发环保部门或者其上级行政机关，可以撤销排污许可证并在全国排污许可证管理信息平台上公告：

（一）超越法定职权核发排污许可证的；

（二）违反法定程序核发排污许可证的；

（三）核发环保部门工作人员滥用职权、玩忽职守核发排污许可证的；

（四）对不具备申请资格或者不符合法定条件的申请人准予行政许可的；

（五）依法可以撤销排污许可证的其他情形。

第五十条 有下列情形之一的，核发环保部门应当依法办理排污许可证的注销手续，并在全国排污许可证管理信息平台上公告：

（一）排污许可证有效期届满，未延续的；

（二）排污单位被依法终止的；

（三）应当注销的其他情形。

第五十一条　排污许可证发生遗失、损毁的，排污单位应当在三十个工作日内向核发环保部门申请补领排污许可证；遗失排污许可证的，在申请补领前应当在全国排污许可证管理信息平台上发布遗失声明；损毁排污许可证的，应当同时交回被损毁的排污许可证。

核发环保部门应当在收到补领申请后十个工作日内补发排污许可证，并在全国排污许可证管理信息平台上公告。

第六章　法律责任

第五十二条　环境保护主管部门在排污许可证受理、核发及监管执法中有下列行为之一的，由其上级行政机关或者监察机关责令改正，对直接负责的主管人员或者其他直接责任人员依法给予行政处分；构成犯罪的，依法追究刑事责任：

（一）符合受理条件但未依法受理申请的；

（二）对符合许可条件的不依法准予核发排污许可证或者未在法定时限内作出准予核发排污许可证决定的；

（三）对不符合许可条件的准予核发排污许可证或者超越法定职权核发排污许可证的；

（四）实施排污许可证管理时擅自收取费用的；

（五）未依法公开排污许可相关信息的；

（六）不依法履行监督职责或者监督不力，造成严重后果的；

（七）其他应当依法追究责任的情形。

第五十三条　排污单位隐瞒有关情况或者提供虚假材料申请行政许可的，核发环保部门不予受理或者不予行政许可，并给予警告。

第五十四条　违反本办法第四十三条规定，未及时申请变更排污许可证的；或者违反本办法第五十一条规定，未及时补办排污许可证的，由核发环保部门责令改正。

第五十五条 重点排污单位未依法公开或者不如实公开有关环境信息的，由县级以上环境保护主管部门责令公开，依法处以罚款，并予以公告。

第五十六条 违反本办法第三十四条，有下列行为之一的，由县级以上环境保护主管部门依据《中华人民共和国大气污染防治法》《中华人民共和国水污染防治法》的规定，责令改正，处二万元以上二十万元以下的罚款；拒不改正的，依法责令停产整治：

（一）未按照规定对所排放的工业废气和有毒有害大气污染物、水污染物进行监测，或者未保存原始监测记录的；

（二）未按照规定安装大气污染物、水污染物自动监测设备，或者未按照规定与环境保护主管部门的监控设备联网，或者未保证监测设备正常运行的。

第五十七条 排污单位存在以下无排污许可证排放污染物情形的，由县级以上环境保护主管部门依据《中华人民共和国大气污染防治法》《中华人民共和国水污染防治法》的规定，责令改正或者责令限制生产、停产整治，并处十万元以上一百万元以下的罚款；情节严重的，报经有批准权的人民政府批准，责令停业、关闭：

（一）依法应当申请排污许可证但未申请，或者申请后未取得排污许可证排放污染物的；

（二）排污许可证有效期限届满后未申请延续排污许可证，或者延续申请未经核发环保部门许可仍排放污染物的；

（三）被依法撤销排污许可证后仍排放污染物的；

（四）法律法规规定的其他情形。

第五十八条 排污单位存在以下违反排污许可证行为的，由县级以上环境保护主管部门依据《中华人民共和国环境保护法》《中华人民共和国大气污染防治法》《中华人民共和国水污染防治法》的规定，责令改正或者责令限制生产、停产整治，并处十万元以上一百万元以下的罚款；情节严重的，报经有批准权的人民政府批准，责令停业、关闭：

（一）超过排放标准或者超过重点大气污染物、重点水污染物排放总量控制指标排放水污染物、大气污染物的；

（二）通过偷排、篡改或者伪造监测数据、以逃避现场检查为目的的临时停产、非紧急情况下开启应急排放通道、不正常运行大气污染防治设施等逃避监管的方式排放大气污染物的；

（三）利用渗井、渗坑、裂隙、溶洞，私设暗管，篡改、伪造监测数据，或者不正常运行水污染防治设施等逃避监管的方式排放水污染物的；

（四）其他违反排污许可证规定排放污染物的。

第五十九条 排污单位违法排放大气污染物、水污染物，受到罚款处罚，被责令改正的，依法作出处罚决定的行政机关组织复查，发现其继续违法排放大气污染物、水污染物或者拒绝、阻挠复查的，作出处罚决定的行政机关可以自责令改正之日的次日起，依法按照原处罚数额按日连续处罚。

第六十条 排污单位发生本办法第三十五条第一款第二、三项或者第三十七条第四款第二项规定的异常情况，及时报告核发环保部门，且主动采取措施消除或者减轻违法行为危害后果的，县级以上环境保护主管部门应当依据《中华人民共和国行政处罚法》相关规定从轻处罚。

排污单位应当在相应季度执行报告或者月执行报告中记载本条第一款情况。

第七章 附 则

第六十一条 依照本办法首次发放排污许可证时，对于在本办法实施前已经投产、运营的排污单位，存在以下情形之一，排污单位承诺改正并提出改正方案的，环境保护主管部门可以向其核发排污许可证，并在排污许可证中记载其存在的问题，规定其承诺改正内容和承诺改正期限：

（一）在本办法实施前的新建、改建、扩建建设项目不符合本办法第二十九条第一项条件；

（二）不符合本办法第二十九条第二项条件。

对于不符合本办法第二十九条第一项条件的排污单位，由核发环保部门依据《建设项目环境保护管理条例》第二十三条，责令限期改正，并处罚款。

对于不符合本办法第二十九条第二项条件的排污单位，由核发环保部门依据《中华人民共和国大气污染防治法》第九十九条或者《中华人民共和国水污染防治法》第八十三条，责令改正或者责令限制生产、停产整治，并处罚款。

本条第二款、第三款规定的核发环保部门责令改正内容或者限制生产、停产整治内容，应当与本条第一款规定的排污许可证规定的改正内容一致；本条第二款、第三款规定的核发环保部门责令改正期限或者限制生产、停产整治期限，应当与本条第一款规定的排污许可证规定的改正期限的起止时间一致。

本条第一款规定的排污许可证规定的改正期限为三至六个月、最长不超过一年。

在改正期间或者限制生产、停产整治期间，排污单位应当按证排污，执行自行监测、台账记录和执行报告制度，核发环保部门应当按照排污许可证的规定加强监督检查。

第六十二条　本办法第六十一条第一款规定的排污许可证规定的改正期限到期，排污单位完成改正任务或者提前完成改正任务的，可以向核发环保部门申请变更排污许可证，核发环保部门应当按照本办法第五章规定对排污许可证进行变更。

本办法第六十一条第一款规定的排污许可证规定的改正期限到期，排污单位仍不符合许可条件的，由核发环保部门依据《中华人民共和国大气污染防治法》第九十九条或者《中华人民共和国水污染防治法》第八十三条或者《建设项目环境保护管理条例》第二十三条的规定，提出建议报有批准权的人民政府批准责令停业、关闭，并按照本办法第五十条规定注销排污许可证。

第六十三条　对于本办法实施前依据地方性法规核发的排污许可证，尚在有效期内的，原核发环保部门应当在全国排污许可证管理信息平台填报数据，获取排污许可证编码；已经到期的，排污单位应当按照本办法申请排污许可证。

第六十四条　本办法第十二条规定的排污许可证格式、第二十条规定的承诺书样本和本办法第二十六条规定的排污许可证申请表格式，由环境保护部制定。

第六十五条　本办法所称排污许可，是指环境保护主管部门根据排污单位的申请和承诺，通过发放排污许可证法律文书形式，依法依规规范和限制排污行为，明确环境管理要求，依据排污许可证对排污单位实施监管执法的环境管理制度。

第六十六条　本办法所称主要负责人是指依照法律、行政法规规定代表非法人单位行使职权的负责人。

第六十七条　涉及国家秘密的排污单位，其排污许可证的申请、受理、审核、发放、变更、延续、注销、撤销、遗失补办应当按照保密规定执行。

第六十八条　本办法自发布之日起施行。

关于停征排污费等行政事业性收费有关事项的通知

（财税［2018］4号）

各省、自治区、直辖市、计划单列市财政厅（局）、发展改革委、物价局、环境保护厅（局）、海洋与渔业厅（局），新疆生产建设兵团财务局：

为做好排污费改税政策衔接工作，根据《中华人民共和国环境保护税法》、《行政事业性收费项目审批管理暂行办法》（财综〔2004〕100号）、《关于印发〈政府非税收入管理办法〉的通知》（财税〔2016〕33号）等有关规定，现就停征排污费等行政事业性收费有关事项通知如下：

一、自2018年1月1日起，在全国范围内统一停征排污费和海洋工程污水排污费。其中，排污费包括：污水排污费、废气排污费、固体废物及危险废物排污费、噪声超标排污费和挥发性有机物排污收费；海洋工程污水排污费包括：生产污水与机舱污水排污费、钻井泥浆与钻屑排污费、生活污水排污费和生活垃圾排污费。

二、各执收部门要继续做好2018年1月1日前排污费和海洋工程污水排污费征收工作，抓紧开展相关清算、追缴，确保应收尽收。排污费和海洋工程污水排污费的清欠收入，按照财政部门规定的渠道全额上缴中央和地方国库。

三、各执收部门要按规定到财政部门办理财政票据缴销手续。

四、自停征排污费和海洋工程污水排污费之日起，《财政部 国家发展改革委 国家环境保护总局关于减免及缓缴排污费等有关问题的通知》（财综〔2003〕38号）、《财政部 国家发展改革委 环境保护部关于印发〈挥发性有机物排污收费试点办法〉的通知》（财税〔2015〕71号）、《财

政部 国家计委关于批准收取海洋工程污水排污费的复函》(财综〔2003〕2号)等有关文件同时废止。

财政部　国家发展改革委　环境保护部　国家海洋局

2018年1月7日

最高人民法院、最高人民检察院关于办理环境污染刑事案件适用法律若干问题的解释

(法释〔2016〕29号)

为依法惩治有关环境污染犯罪，根据《中华人民共和国刑法》《中华人民共和国刑事诉讼法》的有关规定，现就办理此类刑事案件适用法律的若干问题解释如下：

第一条　实施刑法第三百三十八条规定的行为，具有下列情形之一的，应当认定为“严重污染环境”：

(一)在饮用水水源一级保护区、自然保护区核心区排放、倾倒、处置有放射性的废物、含传染病病原体的废物、有毒物质的；

(二)非法排放、倾倒、处置危险废物三吨以上的；

(三)排放、倾倒、处置含铅、汞、镉、铬、砷、铊、锑的污染物，超过国家或者地方污染物排放标准三倍以上的；

(四)排放、倾倒、处置含镍、铜、锌、银、钒、锰、钴的污染物，超过国家或者地方污染物排放标准十倍以上的；

(五)通过暗管、渗井、渗坑、裂隙、溶洞、灌注等逃避监管的方式排放、倾倒、处置有放射性的废物、含传染病病原体的废物、有毒物质的；

(六)二年内曾因违反国家规定，排放、倾倒、处置有放射性的废物、含传染病病原体的废物、有毒物质受过两次以上行政处罚，又实施

前列行为的；

（七）重点排污单位篡改、伪造自动监测数据或者干扰自动监测设施，排放化学需氧量、氨氮、二氧化硫、氮氧化物等污染物的；

（八）违法减少防治污染设施运行支出一百万元以上的；

（九）违法所得或者致使公私财产损失三十万元以上的；

（十）造成生态环境严重损害的；

（十一）致使乡镇以上集中式饮用水水源取水中断十二小时以上的；

（十二）致使基本农田、防护林地、特种用途林地五亩以上，其他农用地十亩以上，其他土地二十亩以上基本功能丧失或者遭受永久性破坏的；

（十三）致使森林或者其他林木死亡五十立方米以上，或者幼树死亡二千五百株以上的；

（十四）致使疏散、转移群众五千人以上的；

（十五）致使三十人以上中毒的；

（十六）致使三人以上轻伤、轻度残疾或者器官组织损伤导致一般功能障碍的；

（十七）致使一人以上重伤、中度残疾或者器官组织损伤导致严重功能障碍的；

（十八）其他严重污染环境的情形。

第二条 实施刑法第三百三十八条、第四百零八条规定的行为，致使公私财产损失三十万元以上，或者具有本解释第一条第十项至第十七项规定情形之一的，应当认定为“致使公私财产遭受重大损失或者严重危害人体健康”或者“致使公私财产遭受重大损失或者造成人身伤亡的严重后果”。

第三条 实施刑法第三百三十八条、第三百三十九条规定的行为，具有下列情形之一的，应当认定为“后果特别严重”：

（一）致使县级以上城区集中式饮用水水源取水中断十二小时以上的；

（二）非法排放、倾倒、处置危险废物一百吨以上的；

（三）致使基本农田、防护林地、特种用途林地十五亩以上，其他农用地三十亩以上，其他土地六十亩以上基本功能丧失或者遭受永久性破坏的；

（四）致使森林或者其他林木死亡一百五十立方米以上，或者幼树死亡七千五百株以上的；

（五）致使公私财产损失一百万元以上的；

（六）造成生态环境特别严重损害的；

（七）致使疏散、转移群众一万五千人以上的；

（八）致使一百人以上中毒的；

（九）致使十人以上轻伤、轻度残疾或者器官组织损伤导致一般功能障碍的；

（十）致使三人以上重伤、中度残疾或者器官组织损伤导致严重功能障碍的；

（十一）致使一人以上重伤、中度残疾或者器官组织损伤导致严重功能障碍，并致使五人以上轻伤、轻度残疾或者器官组织损伤导致一般功能障碍的；

（十二）致使一人以上死亡或者重度残疾的；

（十三）其他后果特别严重的情形。

第四条　实施刑法第三百三十八条、第三百三十九条规定的犯罪行为，具有下列情形之一的，应当从重处罚：

（一）阻挠环境监督检查或者突发环境事件调查，尚不构成妨害公务等犯罪的；

（二）在医院、学校、居民区等人口集中地区及其附近，违反国家规定排放、倾倒、处置有放射性的废物、含传染病病原体的废物、有毒物质或者其他有害物质的；

（三）在重污染天气预警期间、突发环境事件处置期间或者被责令限期整改期间，违反国家规定排放、倾倒、处置有放射性的废物、含传染病病原体的废物、有毒物质或者其他有害物质的；

（四）具有危险废物经营许可证的企业违反国家规定排放、倾倒、处置有放射性的废物、含传染病病原体的废物、有毒物质或者其他有害物质的。

第五条 实施刑法第三百三十八条、第三百三十九条规定的行为，刚达到应当追究刑事责任的标准，但行为人及时采取措施，防止损失扩大、消除污染，全部赔偿损失，积极修复生态环境，且系初犯，确有悔罪表现的，可以认定为情节轻微，不起诉或者免予刑事处罚；确有必要判处刑罚的，应当从宽处罚。

第六条 无危险废物经营许可证从事收集、贮存、利用、处置危险废物经营活动，严重污染环境的，按照污染环境罪定罪处罚；同时构成非法经营罪的，依照处罚较重的规定定罪处罚。

实施前款规定的行为，不具有超标排放污染物、非法倾倒污染物或者其他违法造成环境污染的情形的，可以认定为非法经营情节显著轻微危害不大，不认为是犯罪；构成生产、销售伪劣产品等其他犯罪的，以其他犯罪论处。

第七条 明知他人无危险废物经营许可证，向其提供或者委托其收集、贮存、利用、处置危险废物，严重污染环境的，以共同犯罪论处。

第八条 违反国家规定，排放、倾倒、处置含有毒害性、放射性、传染病病原体等物质的污染物，同时构成污染环境罪、非法处置进口的固体废物罪、投放危险物质罪等犯罪的，依照处罚较重的规定定罪处罚。

第九条 环境影响评价机构或其人员，故意提供虚假环境影响评价文件，情节严重的，或者严重不负责任，出具的环境影响评价文件存在重大失实，造成严重后果的，应当依照刑法第二百二十九条、第二百三十一条的规定，以提供虚假证明文件罪或者出具证明文件重大失实罪定罪处罚。

第十条 违反国家规定，针对环境质量监测系统实施下列行为，或者强令、指使、授意他人实施下列行为的，应当依照刑法第二百八十六条的规定，以破坏计算机信息系统罪论处：

（一）修改参数或者监测数据的；

（二）干扰采样，致使监测数据严重失真的；

（三）其他破坏环境质量监测系统的行为。

重点排污单位篡改、伪造自动监测数据或者干扰自动监测设施，排放化学需氧量、氨氮、二氧化硫、氮氧化物等污染物，同时构成污染环境罪和破坏计算机信息系统罪的，依照处罚较重的规定定罪处罚。

从事环境监测设施维护、运营的人员实施或者参与实施篡改、伪造自动监测数据、干扰自动监测设施、破坏环境质量监测系统等行为的，应当从重处罚。

第十一条 单位实施本解释规定的犯罪的，依照本解释规定的定罪量刑标准，对直接负责的主管人员和其他直接责任人员定罪处罚，并对单位判处罚金。

第十二条 环境保护主管部门及其所属监测机构在行政执法过程中收集的监测数据，在刑事诉讼中可以作为证据使用。

公安机关单独或者会同环境保护主管部门，提取污染物样品进行检测获取的数据，在刑事诉讼中可以作为证据使用。

第十三条 对国家危险废物名录所列的废物，可以依据涉案物质的来源、产生过程、被告人供述、证人证言以及经批准或者备案的环境影响评价文件等证据，结合环境保护主管部门、公安机关等出具的书面意见作出认定。

对于危险废物的数量，可以综合被告人供述，涉案企业的生产工艺、物耗、能耗情况，以及经批准或者备案的环境影响评价文件等证据作出认定。

第十四条 对案件所涉的环境污染专门性问题难以确定的，依据司法鉴定机构出具的鉴定意见，或者国务院环境保护主管部门、公安部门指定的机构出具的报告，结合其他证据作出认定。

第十五条 下列物质应当认定为刑法第三百三十八条规定的“有毒物质”：

（一）危险废物，是指列入国家危险废物名录，或者根据国家规定的危险废物鉴别标准和鉴别方法认定的，具有危险特性的废物；

（二）《关于持久性有机污染物的斯德哥尔摩公约》附件所列物质；

（三）含重金属的污染物；

（四）其他具有毒性，可能污染环境的物质。

第十六条 无危险废物经营许可证，以营利为目的，从危险废物中提取物质作为原材料或者燃料，并具有超标排放污染物、非法倾倒污染物或者其他违法造成环境污染的情形的行为，应当认定为“非法处置危险废物”。

第十七条 本解释所称“二年内”，以第一次违法行为受到行政处罚的生效之日与又实施相应行为之日的时间间隔计算确定。

本解释所称“重点排污单位”，是指设区的市级以上人民政府环境保护主管部门依法确定的应当安装、使用污染物排放自动监测设备的重点监控企业及其他单位。

本解释所称“违法所得”，是指实施刑法第三百三十八条、第三百三十九条规定的行为所得和可得的全部违法收入。

本解释所称“公私财产损失”，包括实施刑法第三百三十八条、第三百三十九条规定的行为直接造成财产损毁、减少的实际价值，为防止污染扩大、消除污染而采取必要合理措施所产生的费用，以及处置突发环境事件的应急监测费用。

本解释所称“生态环境损害”，包括生态环境修复费用，生态环境修复期间服务功能的损失和生态环境功能永久性损害造成的损失，以及其他必要合理费用。

本解释所称“无危险废物经营许可证”，是指未取得危险废物经营许可证，或者超出危险废物经营许可证的经营范围。

第十八条 本解释自2017年1月1日起施行。本解释施行后，《最高人民法院、最高人民检察院关于办理环境污染刑事案件适用法律若干问题的解释》（法释〔2013〕15号）同时废止；之前发布的司法解释与本解释不一致的，以本解释为准。

关于印发节能节水和环境保护专用设备企业所得税优惠目录（2017年版）的通知

（财税〔2017〕71号）

各省、自治区、直辖市、计划单列市财政厅（局）、国家税务局、地方税务局、发展改革委、工业和信息化主管部门、环境保护厅（局），新疆生产建设兵团财务局、发展改革委、工业和信息化委员会、环境保护局：

经国务院同意，现就节能节水和环境保护专用设备企业所得税优惠目录调整完善事项及有关政策问题通知如下：

一、对企业购置并实际使用节能节水和环境保护专用设备享受企业所得税抵免优惠政策的适用目录进行适当调整，统一按《节能节水专用设备企业所得税优惠目录（2017 年版）》（附件 1）和《环境保护专用设备企业所得税优惠目录（2017 年版）》（附件 2）执行。

二、按照国务院关于简化行政审批的要求，进一步优化优惠管理机制，实行企业自行申报并直接享受优惠、税务部门强化后续管理的机制。企业购置节能节水和环境保护专用设备，应自行判断是否符合税收优惠政策规定条件，按规定向税务部门履行企业所得税优惠备案手续后直接享受税收优惠，税务部门采取税收风险管理、稽查、纳税评估等方式强化后续管理。

三、建立部门协调配合机制，切实落实节能节水和环境保护专用设备税收抵免优惠政策。税务部门在执行税收优惠政策过程中，不能准确判定企业购置的专用设备是否符合相关技术指标等税收优惠政策规定条件的，可提请地市级（含）以上发展改革、工业和信息化、环境保护等部门，由其委托专业机构出具技术鉴定意见，相关部门应积极配合。对不符合税收优惠政策规定条件的，由税务机关按《税收征管法》及有关规定进行相应处理。

四、本通知所称税收优惠政策规定条件，是指《节能节水专用设备企业所得税优惠目录（2017 年版）》和《环境保护专用设备企业所得税优惠目录（2017 年版）》所规定的设备类别、设备名称、性能参数、应用领域和执行标准。

五、本通知自 2017 年 1 月 1 日起施行。《节能节水专用设备企业所得税优惠目录（2008 年版）》和《环境保护专用设备企业所得税优惠目录（2008 年版）》自 2017 年 10 月 1 日起废止，企业在 2017 年 1 月 1 日至 2017 年 9 月 30 日购置的专用设备符合 2008 年版优惠目录规定的，也可享受税收优惠。

附件：

1. 节能节水专用设备企业所得税优惠目录（2017 年版）
2. 环境保护专用设备企业所得税优惠目录（2017 年版）

附件 1

节能节水专用设备企业所得税优惠目录（2017 年版）

序号	设备类别	设备名称	性能参数	应用领域	执行标准
（一）节能设备					
1	电动机	中小型三相异步电动机	符合执行标准范围和要求，且优于 1 级能效水平。	电力拖动	GB 18613-2012
2		永磁同步电动机	符合执行标准范围和要求，且优于 1 级能效水平。	电力拖动	GB 30253-2013
3		高压三相笼型异步电动机	符合执行标准范围和要求，且优于 1 级能效水平。	电力拖动	GB 30254-2013
4	空气调节设备	多联式空调（热泵）机组	符合执行标准范围和要求，能效比达到能效等级 1 级指 标基础上再提高 10%的要求。	制冷（热）	GB 21454-2008
5		冷水机组	符合执行标准范围和要求，且优于 1 级能效水平。	制冷（热）	GB 19577-2015，电机驱动压缩机冷水机组 GB 29540-2013，溴化锂吸收式
6		房间空气调节器	符合执行标准范围和要求，且优于 1 级能效水平。	制冷（热）	GB 12021.3-2010，定频 GB 21455-2013，变频
7		水（地）源热泵机组	符合执行标准范围和要求，且优于 1 级能效水平。	制冷（热）	GB 30721-2014

续表

序号	设备类别	设备名称	性能参数	应用领域	执行标准
8	风机	通风机	符合执行标准范围和要求，且优于1级能效水平。	通风	GB 19761-2009
9		离心鼓风机	符合执行标准范围和要求，且优于节能评价值水平。	鼓风	GB 28381-2012
10	水泵	清水离心泵	符合执行标准范围和要求，且优于节能评价值水平。	输送液体	GB 19762-2007
11		石油化工离心泵	符合执行标准范围和要求，且优于1级能效水平。	输送液体	GB 32284-2015
12	压缩机	容积式空气压缩机	符合执行标准范围和要求，且优于1级能效水平。	压缩空气	GB 19153-2009
13	变频器	1kV及以下通用变频调速设备	符合执行标准范围及技术要求。	变频调速	GB/T 30844.1-2014 GB/T 21056-2007
14		1kV以上不超过35kV通用变频调速设备	符合执行标准范围及技术要求。		GB/T 30843.1-2014
15	变压器	三相配电变压器	符合执行标准范围和要求，且优于1级能效水平。	电力输配	GB 20052-2013
16		电力变压器	符合执行标准范围和要求，且优于1级能效水平。	电力输配	GB 24790-2009
17	电焊机	电弧焊机	符合执行标准范围和要求，且优于1级能效水平。	电焊	GB 28736-2012

续表

序号	设备类别	设备名称	性能参数	应用领域	执行标准
18	锅炉	工业锅炉	1. 能效等级达到 TSGG0002《锅炉节能技术监督管理规程》中热效率指标的目标值要求； 2. 工业锅炉大气污染物排放浓度值符合 GB 13271-2014《锅炉大气污染物排放标准》要求，电站锅炉大气污染物排放浓度值符合 GB13223-2011《火电厂大气污染物排放标准》要求； 3. 燃煤锅炉额定蒸发量（或额定热功率）应当大于 10t/h（或 7MW），天然气锅炉不限。	输出蒸汽、热水等介质提供热能	TSG G0002《锅炉节能技术监督管理规程》
19	换热器	热交换器	能效等级达到 TSGR0010《热交换器能效测试与评价规则》中的目标值要求。	不同流体之间热量传递	TSG R0010《热交换器能效测试与评价规则》
20	LED 照明	LED 路灯、LED 隧道灯/工矿灯	电压 220V，频率 50Hz，规格光通量 3 000lm/5 400lm/9 000lm/14 000lm，功率因数不低于 0.95，初始光效不低于 130lm/W，显色指数不低于 70，寿命不低于 30 000 小时。	道路、隧道、工矿照明	
21		LED 管灯	电压 220V，频率 50Hz，规格 T8/T5，600mm/1 200mm，功率因数不低于 0.9，显色指数不低于 85，寿命不低于 25 000 小时；色温为 6 500k/5 000k/4 000k 时，初始光效不低于 120lm/W；色温为 3 500k/3 000k/2 700k 时，初始光效不低于 110lm/W。	商用照明，单次订购量应在 5 000 只以上	

续表

序号	设备类别	设备名称	性能参数	应用领域	执行标准
22	发电设备	汽轮机	1 000MW 级超超临界机组，28MPa/600℃/620℃/4.9kPa，一次再热＋湿冷＋汽泵：热耗率≤7 220kJ/kWh。	发电	
			1 000MW 级超超临界机组，31MPa/600℃/620℃/620℃/4.9kPa，二次再热＋湿冷＋汽泵：热耗率≤7 050kJ/kWh。		
			1 000MW 级超超临界机组，28MPa/600℃/620℃/11kPa，一次再热＋空冷＋汽泵：热耗率≤7 480kJ/kWh。		
23	时效处理仪	频谱谐波时效仪	最大激振力 80kN；循环选择频率，同时具备加速度延时 保护功能；振动参数除激振力调节保证有两个最大振动加速度在 30～70m/s^2，参数选择由振动设备自动完成，以保证处理效果。	机械制造	
24	通信用铅酸蓄电池	通信用耐高温型阀控式密封铅酸蓄电池	35℃工作环境温度，设计浮充寿命≥10 年； 电池最高可承受工作环境温度：75℃；55℃工作环境温度，80%DOD 循环寿命大于 12 次大循环，每次大循环包含 11 次 80%DOD 放电循环。	通信基站数据中心	YD/T2657-2013
（二）节水设备					
25	洗涤设备	工业洗衣机	用水量≤18L/kg，洗净率＞35%。	织物洗涤	QB/T 2323-2004

续表

序号	设备类别	设备名称	性能参数	应用领域	执行标准
26	冷却设备	空冷式换热器	耐压、气密性、运转试验符合 NB/T 47007-2010 的要求。	发电、化工、冶金、机械制造	NB/T 47007-2010
27		机械通风开式冷却塔	循环水量≤1 000m^3/h 的中小型塔：飘水率≤0.006%；耗电比≤0.035kW/(m^3/h)；冷却能力≥95%。	空调制冷、冷冻、化工、发电	GB/T 18870-2011
			循环水量>1 000m^3/h 的大型塔：飘水率≤0.001%； 耗电比≤0.045kW/(m^3/h)；冷却能力≥95%。		
28	滴灌设备	喷灌机	大型喷灌机：水量分布均匀系数、同步性能应符合 JB/T 6280-2013 的要求。	农业、园林灌溉	JB/T 6280-2013
			轻小型喷灌机：喷洒均匀性、燃油消耗率、喷灌机效率、管路系统密封性应符合 GB/T 25406-2010 的要求。		GB/T 25406-2010
29		滴灌带（管）	流量一致性、流量和进水口压力之间关系、耐静水压、耐拉拔应符合 GB/T 17187-2009 的要求。	适用于棉花、蔬菜、果树等经济作物的滴灌	GB/T 17187-2009

续表

序号	设备类别	设备名称	性能参数	应用领域	执行标准
30	水处理及回用设备	反渗透淡化装置	水回收率≥75%，脱盐率≥95%。	含盐量低于10 000mg/l的苦咸水淡化或农村分散地区的饮用水处理	GB/T 19249—2003
31		中空纤维超滤水处理设备	截留率≥90%； 产水量≥额定产水量。	水处理净化	HY/T 060—2002 CJ/T 170—2002
32	水处理及回用设备	海水/苦咸水淡化反渗透膜元件	苦咸水淡化反渗透膜：水通量≥4.5×$10^{-2}m^3/(m^2\cdot h)$；脱盐率≥99.0%。	海水、苦咸水淡化	HY/T 107—2008

附件 2

环境保护专用设备企业所得税优惠目录（2017 年版）

序号	设备类别	设备名称	性能参数	应用领域
1	水污染防治设备	膜生物反应器	膜通量≥10l/(m^2·h)； 出口水质达到地表水环境质量Ⅳ类标准。	生活污水和工业废水处理
2		污泥脱水机	滤饼含水率≤50%。	生活和工业污泥处理
3		超磁分离水体净化设备	出口水质：悬浮物去除率≥90%；SS≤20mg/l；TP 在 0.05mg/l～0.5mg/l 之间，TP 去除率 80%～90%；油≤5mg/l；藻类去除率 80%～85%；非溶解态 COD 去除率>80%。	工业废水处理、重金属废水处理、黑臭水体处理 （进口水质：SS≤500mg/l；TP 在 1mg/l～4mg/l 之间；油≤50mg/l）
4		一体化污水处理设备	出口水质：COD≤30mg/l；氨氮≤5mg/l；TP≤0.3mg/l；SS≤5mg/l。	生活污水处理 （进口水质：COD≤450mg/l；氨氮≤50mg/l；TP≤4mg/l；SS≤200mg/l）
5	大气污染防治设备	袋式除尘器	出口烟尘排放浓度≤10mg/Nm^3；烟气排放达到林格曼一级；进出口压差≤1 200Pa；出口温度≤120℃；漏风率≤2%；耐压强度≥5kPa。	燃煤发电行业除外的烟尘处理
6		电袋复合除尘器	出口烟尘排放浓度≤30mg/Nm^3；烟气排放达到林格曼一级；进出口压差≤1 000Pa；设备阻力<900Pa；漏风率<2%。	燃煤发电行业除外的烟尘处理

续表

序号	设备类别	设备名称	性能参数	应用领域
7	大气污染防治设备	选择性催化还原（SCR）脱硝设备	脱硝效率＞80%；系统氨逃逸质量浓度≤2.5mg/m^3；SO_2转化率＜1%。	燃煤发电行业除外的脱硝
8		VOCs 吸附回收装置	净化率＞90%。	喷涂、石油、化工、包装印刷、油气回收、涂布、制革等行业的 VOCs 治理
9		生物治理 VOCs 设备	生物降解净化效率＞85%； 恶臭异味和 VOCs 排放浓度达到有关行业环保标准要求。	生活污水厂、石化或化工污水处理、垃圾处理厂、发酵堆肥行业、制药行业、饲料和肥料行业、食品加工行业、皮革加工行业等产生的有机废气、异味处理
10		VOCs 燃烧装置	燃烧净化效率＞95%； VOCs 排放浓度达到有关行业环保标准要求。	石油、化工、喷涂、电线电缆、制药等行业的 VOCs 治理
11		连续自动再生式柴油车黑烟净化过滤器	CO 的起燃温度＜195℃；HC 的起燃温度＜205℃； 黑烟颗粒 PM 的去除效果＞90%（在所有的工况下）； 黑烟颗粒的再生：开始再生温度为 200℃，全部烧完为 500℃，所需时间≤10min。	柴油车尾气处理
12	土壤污染防治设备	污染土壤检测修复一体机	掘进速度≥9m/h；最大掘进深度 20m；取样量≥$7\times10^{-3}m^3$/h；注药量≥90l/min；注药半径≥1m。	污染土壤修复

续表

序号	设备类别	设备名称	性能参数	应用领域
13	固体废物处置设备	餐厨垃圾自动分选制浆机	处理对象：餐厨垃圾或分类的厨余垃圾；可实现有机物与其他杂物如轻质塑料、织物和金属等的有效分离，实现接收垃圾中有机质的浆化处理；处理后有机物损失＜3%；杂物去除率≥95%；处理量≥10t/h。	餐厨垃圾处理
14		废金属破碎分选机	主机功率：450kW～7 500kW；处理能力 30t/h～420t/h；送料宽度达 1 500mm～3 000mm；磁力分选率≥97%；有色金属涡流分选或有色光选分辨率≥98%；危险废物回收率≥95%。	金属废物处理
15		电子废物、报废汽车破碎分选机	处理对象：废弃电器电子产品，报废汽车；可实现铁、有色金属、塑料和其他杂质的有效分离，危险废物的安全回收；铁、有色金属回收率及纯净度≥95%，塑料回收率及纯净度≥90%；制冷剂、废油等危险废物回收率≥95%；报废汽车处理能力≥ 10t/h；废弃电器电子产品处理能力≥1 000kg/h。	电子垃圾、报废汽车处理
16		新能源汽车废旧动力蓄电池处理设备	废旧动力蓄电池在物理环节的模组分离装备自动化拆解效率≥2kg/min；单体单机分离装备自动化拆解效率≥3kg/min；在湿法冶炼条件下，镍、钴、锰的综合回收率≥98%；在火法冶炼条件下，镍、稀土的综合回收率应≥97%。	新能源汽车废旧动力蓄电池处理

续表

序号	设备类别	设备名称	性能参数	应用领域
17	固体废物处置设备	危险废弃物焚烧炉	处理量≥20t/d；焚烧温度：一般危险废物≥1 100℃，持久性有机污染物废物≥1 200℃，医疗废物≥850℃；烟气停留时间>2s；残渣热灼减率≤5%。	医疗、工业领域危险废物处理
18		机械炉排炉	处理量≥200t/d；焚烧温度≥850℃；烟气停留时间≥2s；残渣热灼减率≤5%。	生活垃圾处理
19	环境监测专用仪器仪表	烟气排放连续监测仪	可测量以下一种或几种参数：SO_2、NO_X、CO、Hg、HCl、HF、H_2S、颗粒物、流速；颗粒物零点漂移±2%，量程漂移±2%；气态污染物响应时间≤200s，零点漂移±2.5%，量程漂移±2.5%，线性误差≤±5%；流速测量范围0～30m/s，流速测量精度±12%；温度示值偏差≤±3℃。	污染源废气监测（火电厂超低排放），垃圾焚烧电厂废气在线监测
20		氨逃逸激光在线分析仪	检测下限：0.1mg/l；重复性：1.0%F.S；线性误差：1.0%F.S；取样流量：10l/min～20l/min；环境温度：－20℃～45℃。	烟气脱硝氨逃逸检测

续表

序号	设备类别	设备名称	性能参数	应用领域
21	环境监测专用仪器仪表	挥发性有机物VOCs分析仪	可测量以下一种或几种气态有机污染物成分：甲烷/非甲烷总烃、总挥发性有机物、半挥发性有机物、苯系物或其他特征有机污染物； 最低检测限： （1）C2～C5：1，3-丁二烯或者丁烯≤0.15ppb，其他≤0.5ppb；（2）C6～C12：苯≤0.05ppb，其他≤0.5ppb； 重现性： （1）C2～C5：<10%4ppb（1，3-丁二烯或者丁烯）； （2）C6～C12：<10%4ppb（苯）。	有机废气排放监测、厂界及周边无组织排放监测
22		重金属水质自动分析仪	可测量以下一种或几种参数：汞、铬、镉、铅和砷； 六价铬水质监测设备：精密度≤5%，准确度±5%，零点漂移±5%，量程漂移±5%； 汞、镉、铅、砷水质监测设备：示值误差±5%，精密度≤5%，零点漂移±5%，量程漂移±10%。	污染源废水监测
23	噪声与振动控制	阵列式消声器	吸声体平均吸声系数≥0.9； 基准长度消声器的全压损失系数 ξ≤0.7。	通风空调系统管道、机房进出风口、空气动力性设备等的消声降噪
24		阻尼弹簧浮置板隔振器	隔振效果≥18dB；阻尼比≥0.08；轨面动态下沉量≤4mm。	高铁及城市轨道交通噪声控制

关于发布《国家环境质量标准——环境空气质量标准》的公告

（环境保护部公告 2012 年第 7 号）

为贯彻《中华人民共和国环境保护法》和《中华人民共和国大气污染防治法》，保护环境，保障人体健康，防治大气污染，现批准《环境空气质量标准》为国家环境质量标准，并由我部与国家质量监督检验检疫总局联合发布。

标准名称、编号如下：

环境空气质量标准（GB3095—2012）

按有关法律规定，本标准具有强制执行的效力。

本标准自 2016 年 1 月 1 日起在全国实施。

在全国实施本标准之前，国务院环境保护行政主管部门可根据《关于推进大气污染联防联控工作改善区域空气质量的指导意见》（国办发〔2010〕33 号）等文件要求指定部分地区提前实施本标准，具体实施方案（包括地域范围、时间等）另行公告；各省级人民政府也可根据实际情况和当地环境保护的需要提前实施本标准。

本标准由中国环境科学出版社出版，标准内容可在环境保护部网站（bz. mep. gov. cn）查询。

自本标准实施之日起，《环境空气质量标准》（GB3095—1996）、《〈环境空气质量标准〉（GB3095—1996）修改单》（环发〔2000〕1 号）和《保护农作物的大气污染物最高允许浓度》（GB9137—88）废止。

特此公告。

附件：环境空气质量标准

2012 年 02 月 29 日

中华人民共和国国家标准——环境空气质量标准

Ambient air quality standards

（GB 3095—2012 代替 GB 3095—1996 GB 9137—88 2016-01-01 实施）

为贯彻《中华人民共和国环境保护法》和《中华人民共和国大气污染防治法》，保护和改善生活环境、生态环境，保障人体健康，制定本标准。本标准规定了环境空气功能区分类、标准分级、污染物项目、平均时间及浓度限值、监测方法、数据统计的有效性规定及实施与监督等内容。各省、自治区、直辖市人民政府对本标准中未作规定的污染物项目，可以制定地方环境空气质量标准。本标准中的污染物浓度均为质量浓度。本标准首次发布于 1982 年。1996 年第一次修订，2000 年第二次修订，本次为第三次修订。本标准将根据国家经济社会发展状况和环境保护要求适时修订。自本标准实施之日起，《环境空气质量标准》（GB 3095—1996）、《〈环境空气质量标准〉（GB 3095—1996）修改单》（环发〔2000〕1 号）和《保护农作物的大气污染物最高允许浓度》（GB 9137—88）废止。

目　次

固定污染源烟气（SO_2、NO_X、颗粒物）排放连续监测技术规范

Specifications for continuous emissions monitoring of SO_2, NO_X, and particulate matter in the flue gas emitted from stationary sources

（HJ 75—2017 代替 HJ/T 75—2007 2018-03-01 实施）

为贯彻《中华人民共和国环境保护法》和《中华人民共和国大气污染防治法》，加强固定污染源烟气排放监测监管，提高固定污染源烟气排放连续监测管理水平，制定本标准。本标准规定了固定污染源烟气（SO_2、NO_X、颗粒物）排放连续监测系统的组成和功能、技术性能、监测站房、安装、技术指标调试检测、技术验收、日常运行管理、日常运行质量保证以及数据审核和处理的有关要求。

目　次

9. 固定污染源烟气排放连续监测系统技术验收（略）

10. 固定污染源烟气排放连续监测系统日常运行管理要求（略）

11. 固定污染源烟气排放连续监测系统日常运行质量保证要求（略）

12. 固定污染源烟气排放连续监测系统数据审核和处理（略）

附录 A（规范性附录） 固定污染源烟气排放连续监测系统主要技术指标调试检验方法（略）

附录 B（资料性附录） 固定污染源烟气排放连续监测系统技术指标调试检测结果分析和处理方法（略）

附录 C（规范性附录） 固定污染源烟气排放连续监测系统输出参数计算方法（略）

附录 D（资料性附录） 固定污染源烟气排放连续监测系统安装调试检测原始记录表（略）

附录 E（资料性附录） 固定污染源烟气排放连续监测系统调试检测报告（略）

附录 F（资料性附录） 固定污染源烟气排放连续监测系统技术指标验收报告（略）

附录 G（资料性附录） 固定污染源烟气排放连续监测系统日常巡检、校准、和维护原始记录表（略）

附录 H（规范性附录） 固定污染源烟气排放连续监测系统数据采集处理和传输系统要求（略）

附录二　原排污收费部分政策

排污费征收使用管理条例

第一章　总　则

第一条　为了加强对排污费征收、使用的管理，制定本条例。

第二条　直接向环境排放污染物的单位和个体工商户（以下简称排污者），应当依照本条例的规定缴纳排污费。

排污者向城市污水集中处理设施排放污水、缴纳污水处理费用的，不再缴纳排污费。排污者建成工业固体废物贮存或者处置设施、场所并符合环境保护标准，或者其原有工业固体废物贮存或者处置设施、场所经改造符合环境保护标准的，自建成或者改造完成之日起，不再缴纳排污费。

国家积极推进城市污水和垃圾处理产业化。城市污水和垃圾集中处理的收费办法另行制定。

第三条　县级以上人民政府环境保护行政主管部门、财政部门、价格主管部门应当按照各自的职责，加强对排污费征收、使用工作的指导、管理和监督。

第四条　排污费的征收、使用必须严格实行“收支两条线”，征收的排污费一律上缴财政，环境保护执法所需经费列入本部门预算，由本级财政予以保障。

第五条　排污费应当全部专项用于环境污染防治，任何单位和个人不得截留、挤占或者挪作他用。

任何单位和个人对截留、挤占或者挪用排污费的行为，都有权检举、控告和投诉。

第二章　污染物排放种类、数量的核定

第六条　排污者应当按照国务院环境保护行政主管部门的规定，向县级以上地方人民政府环境保护行政主管部门申报排放污染物的种类、数量，并提供有关资料。

第七条　县级以上地方人民政府环境保护行政主管部门，应当按照国务院环境保护行政主管部门规定的核定权限对排污者排放污染物的种类、数量进行核定。

装机容量30万千瓦以上的电力企业排放二氧化硫的数量，由省、自治区、直辖市人民政府环境保护行政主管部门核定。

污染物排放种类、数量经核定后，由负责污染物排放核定工作的环境保护行政主管部门书面通知排污者。

第八条　排污者对核定的污染物排放种类、数量有异议的，自接到通知之日起7日内，可以向发出通知的环境保护行政主管部门申请复核；环境保护行政主管部门应当自接到复核申请之日起10日内，作出复核决定。

第九条　负责污染物排放核定工作的环境保护行政主管部门在核定污染物排放种类、数量时，具备监测条件的，按照国务院环境保护行政主管部门规定的监测方法进行核定；不具备监测条件的，按照国务院环境保护行政主管部门规定的物料衡算方法进行核定。

第十条　排污者使用国家规定强制检定的污染物排放自动监控仪器对污染物排放进行监测的，其监测数据作为核定污染物排放种类、数量的

依据。

排污者安装的污染物排放自动监控仪器，应当依法定期进行校验。

第三章　排污费的征收

第十一条　国务院价格主管部门、财政部门、环境保护行政主管部门和经济贸易主管部门，根据污染治理产业化发展的需要、污染防治的要求和经济、技术条件以及排污者的承受能力，制定国家排污费征收标准。

国家排污费征收标准中未作规定的，省、自治区、直辖市人民政府可以制定地方排污费征收标准，并报国务院价格主管部门、财政部门、环境保护行政主管部门和经济贸易主管部门备案。

排污费征收标准的修订，实行预告制。

第十二条　排污者应当按照下列规定缴纳排污费：

（一）依照大气污染防治法、海洋环境保护法的规定，向大气、海洋排放污染物的，按照排放污染物的种类、数量缴纳排污费。

（二）依照水污染防治法的规定，向水体排放污染物的，按照排放污染物的种类、数量缴纳排污费；向水体排放污染物超过国家或者地方规定的排放标准的，按照排放污染物的种类、数量加倍缴纳排污费。

（三）依照固体废物污染环境防治法的规定，没有建设工业固体废物贮存或者处置的设施、场所，或者工业固体废物贮存或者处置的设施、场所不符合环境保护标准的，按照排放污染物的种类、数量缴纳排污费；以填埋方式处置危险废物不符合国家有关规定的，按照排放污染物的种类、数量缴纳危险废物排污费。

（四）依照环境噪声污染防治法的规定，产生环境噪声污染超过国家环境噪声标准的，按照排放噪声的超标声级缴纳排污费。

排污者缴纳排污费，不免除其防治污染、赔偿污染损害的责任和法律、行政法规规定的其他责任。

第十三条　负责污染物排放核定工作的环境保护行政主管部门，应当根据排污费征收标准和排污者排放的污染物种类、数量，确定排污者应当缴纳的排污费数额，并予以公告。

第十四条　排污费数额确定后，由负责污染物排放核定工作的环境保护行政主管部门向排污者送达排污费缴纳通知单。

排污者应当自接到排污费缴纳通知单之日起 7 日内，到指定的商业银行缴纳排污费。商业银行应当按照规定的比例将收到的排污费分别解缴中央国库和地方国库。具体办法由国务院财政部门会同国务院环境保护行政主管部门制定。

第十五条　排污者因不可抗力遭受重大经济损失的，可以申请减半缴纳排污费或者免缴排污费。

排污者因未及时采取有效措施，造成环境污染的，不得申请减半缴纳排污费或者免缴排污费。

排污费减缴、免缴的具体办法由国务院财政部门、国务院价格主管部门会同国务院环境保护行政主管部门制定。

第十六条　排污者因有特殊困难不能按期缴纳排污费的，自接到排污费缴纳通知单之日起 7 日内，可以向发出缴费通知单的环境保护行政主管部门申请缓缴排污费；环境保护行政主管部门应当自接到申请之日起 7 日内，作出书面决定；期满未作出决定的，视为同意。

排污费的缓缴期限最长不超过 3 个月。

第十七条　批准减缴、免缴、缓缴排污费的排污者名单由受理申请的环境保护行政主管部门会同同级财政部门、价格主管部门予以公告，公告应当注明批准减缴、免缴、缓缴排污费的主要理由

第四章　排污费的使用

第十八条　排污费必须纳入财政预算，列入环境保护专项资金进行管理，主要用于下列项目的拨款补助或者贷款贴息：

（一）重点污染源防治；

（二）区域性污染防治；

（三）污染防治新技术、新工艺的开发、示范和应用；

（四）国务院规定的其他污染防治项目。

具体使用办法由国务院财政部门会同国务院环境保护行政主管部门征求其他有关部门意见后制定。

第十九条　县级以上人民政府财政部门、环境保护行政主管部门应当加强对环境保护专项资金使用的管理和监督。

按照本条例第十八条的规定使用环境保护专项资金的单位和个人，必须按照批准的用途使用。

县级以上地方人民政府财政部门和环境保护行政主管部门每季度向本级人民政府、上级财政部门和环境保护行政主管部门报告本行政区域内环境保护专项资金的使用和管理情况。

第二十条　审计机关应当加强对环境保护专项资金使用和管理的审计监督。

第五章　罚　则

第二十一条　排污者未按照规定缴纳排污费的，由县级以上地方人民政府环境保护行政主管部门依据职权责令限期缴纳；逾期拒不缴纳的，处应缴纳排污费数额1倍以上3倍以下的罚款，并报经有批准权的人民政府批准，责令停产停业整顿。

第二十二条　排污者以欺骗手段骗取批准减缴、免缴或者缓缴排污费的，由县级以上地方人民政府环境保护行政主管部门依据职权责令限期补缴应当缴纳的排污费，并处所骗取批准减缴、免缴或者缓缴排污费数额1倍以上3倍以下的罚款。

第二十三条　环境保护专项资金使用者不按照批准的用途使用环境保护专项资金的，由县级以上人民政府环境保护行政主管部门或者财政部门依据职权责令限期改正；逾期不改正的，10年内不得申请使用环境保护专项资金，并处挪用资金数额1倍以上3倍以下的罚款。

第二十四条　县级以上地方人民政府环境保护行政主管部门应当征收而未征收或者少征收排污费的，上级环境保护行政主管部门有权责令其限期改正，或者直接责令排污者补缴排污费。

第二十五条　县级以上人民政府环境保护行政主管部门、财政部门、价格主管部门的工作人员有下列行为之一的，依照刑法关于滥用职权罪、玩忽职守罪或者挪用公款罪的规定，依法追究刑事责任；尚不够刑事处罚的，依法给予行政处分：

（一）违反本条例规定批准减缴、免缴、缓缴排污费的；

（二）截留、挤占环境保护专项资金或者将环境保护专项资金挪作他用的；

（三）不按照本条例的规定履行监督管理职责，对违法行为不予查处，造成严重后果的。

第六章　附　则

第二十六条　本条例自2003年7月1日起施行。1982年2月5日国务院发布的《征收排污费暂行办法》和1988年7月28日国务院发布的《污染源治理专项基金有偿使用暂行办法》同时废止。

关于确定工业区等集中污水处理设施性质的复函

（环函［2004］144号）

北京市环境保护局：

你局《关于对工业区等集中污水处理设施性质进行确定问题的函》（京环文［2016］22号）收悉，经研究，函复如下：

城市污水集中处理设施作为城市重要的市政公用基础设施，主要接纳和处理城市生活污水，其处理工艺流程主要针对生活污水进行设计。工业区、开发区、畜禽养殖小区等自建的主要接纳处理生产污水的集中处理设施，在接纳水质、处理工艺、处理污染物的种类及危害程度方面均与城市污水集中处理设施明显不同，不能视为《排污费征收使用管理条例》中的城市污水集中处理设施，对其应按照一般工业企业收取排污费。

关于城镇污水集中处理设施征收排污费有关问题的复函

（环函［2013］147号）

陕西省环境保护厅：

你厅《关于申请明确城镇污水集中处理设施征收排污费有关问题的函》（陕环函〔2013〕501号）收悉。经研究，函复如下：

一、《中华人民共和国水污染防治法》（以下简称《水污染防治法》）

第二十四条第一款规定："直接向水体排放污染物的企业事业单位和个体工商户，应当按照排放水污染物的种类、数量和排污费征收标准缴纳排污费"。第四十五条第二款规定："城镇污水集中处理设施的出水水质达到国家或者地方规定的水污染物排放标准的，可以按照国家有关规定免缴排污费。"上述第四十五条规定是对城镇污水集中处理设施缴纳排污费的特殊规定，适用前提条件是必须达标排放；出水水质超过国家或者地方规定的水污染物排放标准的，应按照《水污染防治法》第二十四条的规定缴纳排污费。

二、《排污费征收标准管理办法》（原国家计委、财政部、原国家环保总局、原国家经贸委第 31 号令）第三条第一款第一项规定，对城镇污水集中处理设施排放的氨氮、总磷暂不收费。因此，城镇污水集中处理设施的出水水质某一项污染物（包括氨氮和总磷）超标的，应当按照排污费征收标准及计算办法，将所有污染物除氨氮、总磷以外，按污染当量数从多到少的顺序计算前三项污染物的排放量。

三、《关于〈水污染防治法〉第七十三条和第七十四条"应缴纳排污费数额"具体应用问题的通知》（环函〔2011〕32 号）第三条规定："排污者具备法定减缴、免缴、不缴排污费情形的，不影响环保部门参照排污费征收标准及计算方法确定并用以裁定罚款数额的基数"。因此，在计算城镇污水集中处理设施超标排放水污染物的罚款数额时，应当参照排污费征收标准及计算办法，将氨氮、总磷在内的所有污染物按污染当量数从多到少的前三项顺序计算的排污费作为罚款数额的基数。

环境保护部

2013 年 6 月 30 日

关于河北省矿石装卸堆存颗粒物放散系数应用的复函

（环函〔2012〕222号）

河北省环境保护厅：

你厅《关于河北省矿石装卸堆存颗粒物放散系数应用的请示》（冀环办〔2012〕134号）收悉。经研究，函复如下：

你厅通过课题研究，分析测算了采取不同治理措施对港口码头矿石装卸、堆存过程中颗粒物放散的削减效果，得出在港口矿石堆场的装卸堆存过程中颗粒物放散系数，反映了港口码头矿石装卸与堆存过程中粉尘无组织排放和控制的特点，可操作性强，简单易行，有利于促进粉尘无组织排放的治理。此系数按国家规定向社会公示后，可用于你省港口码头矿石装卸、堆存粉尘排放量的核定。

环境保护部

2012年9月4日

关于进口固废拆解行业排污系数有关问题的复函

（环函〔2015〕35号）

浙江省环境保护厅：

你厅《关于要求核准台州市路桥区进口固废拆解行业排污费系数的请示》（浙环〔2014〕33号）收悉。经研究，函复如下：

台州市环境保护局路桥分局委托台州市环境科学设计研究院编制的《台州市路桥区进口固废拆解行业排污系数应用专题研究报告》通过课题研究，确定了固废拆解行业（第七类进口固废）拆解过程中各项污染物的产生和排放情况（工艺废水除外），并据此测算出排污系数。

《排污费征收标准管理办法》第四条规定，除《排污费征收使用管理条例》规定的污染物排放种类、数量核定方法外，市（地）级以上环境保护行政主管部门可结合当地实际情况，对餐饮、娱乐等服务行业的小型排污者，采用抽样测算的办法核算排污量，核算办法应当向社会公开，并按本办法规定征收排污费。

根据上述规定，同意此系数按国家规定向社会公示后可用于台州市进口固废拆解行业排污费的核定。

环境保护部

2015 年 3 月 6 日

关于深圳市建筑施工扬尘排放量计算方法的复函

（环函〔2012〕174 号）

深圳市人居环境委员会：

你委《关于建筑施工扬尘排放量计算方法的请示》（深人环〔2012〕194 号）收悉。经研究，现函复如下：

你委提出的建筑施工扬尘排放量计算方法属于物料衡算方法，根据建设规模和现场检查扬尘控制措施的落实情况等确定扬尘的排放量系数，通过简易公式即可完成扬尘排放量计算，反映了工地扬尘排放和控制的特点，可操作性强，简单易行，便于环境监督管理，可用于你市建筑施工工地扬尘排放量的核定和排污费征收等工作。

环境保护部

2012 年 7 月 23 日

关于排污申报与排污费征收有关问题的通知

（环办〔2014〕80 号）

各省、自治区、直辖市环境保护厅（局），新疆生产建设兵团环境保护局：

为贯彻落实国家发展和改革委员会、财政部和环境保护部《关于调整排污费征收标准等有关问题的通知》（发改价格〔2014〕2008 号）文件精神，调整排污费征收标准，简化排污申报与排污费征收程序，推动排污费征收全程信息化管理，使排污申报与排污费征收工作更加简便、科学、高效，我部组织对现行的《排放污染物申报登记统计表》进行了简化修改，同时对排污费征收工作流程进行了调整。现就排污申报与排污费征收有关工作通知如下：

一、全面更新

自 2015 年 1 月 1 日起，排污单位向负责其排污费征收管理的环境监察机构申报排放污染物的信息，必须全部采用新修订的系列《排放污染物申报表（试行）》。各级环境保护主管部门及所属环境监察机构应按照排污费征收全程信息化管理的工作要求，启用新版（网络版）排污费征收管理系统软件进行排污申报、排污费征收工作。

《排放污染物申报表（试行）》整体分为基本信息申报和动态信息申

报两部分。基本信息申报一般包括企业法人、地址、联系电话、主要产品名称等情况；动态信息申报主要指企业一个生产阶段的产品产量、污染物排放量等与排污费核定相关的信息数据

二、建立基础信息库

取消年度预申报。排污单位初次申报或者基本情况发生变更时，应向负责其排污费征收管理的环境监察机构提交相关《排放污染物基本信息申报表（试行)》，环境监察机构以此为基础建立本行政区排污单位基础信息库，用以掌握排污单位生产工艺、生产装置、污染治理设施、产排污节点、主要污染因子等基础信息。

为减轻环境监察机构和排污单位信息填报的工作量，原排污费征收管理数据库中已有排污单位基本信息的，其相关数据可整体迁移至新版排污费征收管理系统，环境监察机构只需，审核确认，无须排污单位再次填报。

三、分类申报

负责排污费征收管理的环境监察机构应要求排污单位按照实际情况分类进行排污申报：

（一）工业企业等一般排污单位填报《排放污染物基本信息申报表（试行)》（见附件 1）及其对应的《排放污染物动态申报表（试行)》（见附件 2)。

（二）城镇污水处理厂及其他社会化运营的污水集中处理单位申报基本信息时，应填报《排放污染物基本信息申报表（试行)》中除表 1 以外的所有其他表格和《污水处理厂排放污染物基本信息申报表（试行)》（见附件 3)。申报动态信息时，应填报《排放污染物动态申报表（试行)》中除表 1 和表 2 外所有其他表格和《污水处理厂排放污染物动态申报表（试行)》。

（三）固体废物专业处置单位（包括垃圾处理场、危险废物集中处置

厂、医疗废物集中处置厂和其他固体废物专业处置单位）申报基本信息时，应填报《排放污染物基本信息申报表（试行）》中除表 1 外所有其他表格和《固体废物专业处置单位排放污染物基本信息申报表（试行）》(见附件 4)。申报动态信息时，应填报《排放污染物动态申报表（试行）》中所有表格和《固体废物专业处置单位排放污染物动态申报表（试行)》。

（四）钢铁企业申报动态信息时，应填报《排放污染物动态申报表(试行)》中除表 1 外所有其他表格和《钢铁行业排放污染物动态补充申报表（试行)》(见附件 5)。

（五）建筑施工单位按对应工期填报《建筑施工单位排放污染物申报表（试行)》(见附件 6)。

（六）无法进行实际监测的小型第三产业和畜禽类养殖场按照征收时段填报《小型第三产业排放污染物申报表（试行)》(见附件 7）和《畜禽养殖行业排放污染物申报表（试行)》(见附件 8)；按照监测数据征收排污费的小型第三产业和畜禽养殖场应当填报《排放污染物基本信息申报表（试行)》及其对应的《排放污染物动态申报表（试行)》。

（七）对系列《排放污染物申报表（试行)》满足不了排污费征收需求的其他行业，各省级环境保护主管部门可根据实际情况制定单独的补充申报表。

四、工作要求

（一）排污单位投入生产、经营（含试生产、试营业）后，按月或季度污染物实际排放情况填写相关《排放污染物动态申报表（试行)》，并根据要求在每月或每季结束后 7 日（以下均为工作日）内向负责其排污费征收管理的环境监察机构进行申报，同时提供与污染物排放有关的资料。

（二）逐步推行网上申报。地市级以上环保门户网站上应当设立网上申报专栏，排污单位通过该专栏进行排污申报，数据同步至排污费征收全程信息化管理系统，并由主管的环境监察机构审核确定。建筑施工单位和小型第三产业等较难实现网上申报的排污单位，可以填报纸质表格，并由负责其排污费征收管理的环境监察机构协助进行网上申报。

排污单位根据需要，可以自行打印申报表留存。有关网上申报的具体要求，我部将另行发文说明。

（三）环境监察机构应当在收到排污单位《排放污染物动态申报表（试行）》后20日内，结合掌握的情况，对排污单位排放污染物的种类、数量进行审核，并根据排污费征收标准确定排污单位该时段应当缴纳的排污费数额，向排污单位送达《排污核定与排污费缴纳决定书》，同时向社会公告。

排污单位对核定缴纳结果有异议的，自收到《排污核定与排污费缴纳决定书》之日起7日内，可以向发出决定的环境监察机构书面申请复核；环境监察机构应当自收到复核申请之日起10日内，做出复核决定。

（四）排污单位未按规定时间和要求进行申报，或申报情况与实际不符的，由负责其排污费征收管理的环境监察机构依照相关法律规定，责令排污单位限期补报。排污单位逾期拒不申报或申报情况依然与实际情况不符的，负责其排污费征收管理的环境监察机构可根据掌握的情况直接下达《排污核定与排污费缴纳决定书》，并对排污单位拒报、谎报的行为依法予以处罚。

（五）排污单位应当自收到《排污核定与排污费缴纳决定书》之日起7日内，到指定的商业银行缴纳排污费。有条件的地区可逐步推行决定书实时送达、网上缴费等便捷的排污费缴费方式。

排污单位逾期未缴纳的，负责其排污费征收管理的环境监察机构从逾期未缴纳之日起15日内向排污单位下达《排污费限期缴纳决定书》，并从滞纳之日起每日加收2‰的滞纳金。

附件：1. 排放污染物基本信息申报表（试行）（略）

2. 排放污染物动态申报表（试行）（略）

3. 污水处理厂排放污染物基本信息申报表（试行）（略）

4. 固体废物专业处置单位排放污染物基本信息申报表（试行）（略）

5. 钢铁行业排放污染物动态补充申报表（试行）（略）

6. 建筑施工单位排放污染物申报表（试行）

7. 小型第三产业排放污染物申报表（试行）

8. 畜禽养殖行业排放污染物申报表（试行）（略）

9. 排污核定与排污费缴纳决定书（略）

10. 排污核定与排污费缴纳复核决定书（略）

附件 6

建筑施工单位排放污染物申报表

（试行）

组织机构代码□□□□□□□□-□（□□）　　单位名称（盖章）______________

法定代表人（签章）__________　　填　表　人____________________

申报时段______年____月至______年____月　　报 出 日 期______年____月____日

环境保护部　制

填报要求

1. 在城市规划区范围内从事建筑施工的施工单位应填报本表，如同一施工场地内有多家施工单位的，应分别填报。

2. 本表由建筑项目的施工单位填报，一式两份，每份需加盖公章。表 1 于建筑施工项目动工 15 日前报环保主管部门，表 2、表 3 按月或按季度实际排放情况填写，并根据要求按月或季度向环保主管部门申报。

3. 本表须按“填表说明”如实规范填报，各项栏目不得空缺，如属于“无”、“零”、“未检出”、“未测”、“不明”等，应用文字注明。若填报表页数不够，可复印加页填报。

4. 当排污单位排放污染物需作改变或者发生污染事故等造成污染物排放紧急变化的，必须及时告知当地环保主管部门。

表 1：工程基本信息

项目基本情况	1. 工程项目名称		建设单位情况	8. 名称	
	2. 施工场所地址			9. 通讯地址	
	3. 施工场地面积平方米			10. 邮政编码	
	4. 建筑面积平方米			11. 电话（传真）及电子信箱	
	5. 工地类型			12. 法定代表人及联系电话	
	6. 开工时间			13. 项目负责人及联系电话	
	7. 计划竣工时间			14. 环评审批部门及编号	
施工单位情况	15. 名称			16. 施工项目主要负责人居民身份证号码	
	17. 通讯地址			18. 施工许可证号码	
	19. 邮政编码			20. 施工场所地址	
	21. 法定代表人及联系电话			22. 施工单位开户银行	
	23. 施工项目负责人及联系电话			24. 施工单位帐号	

表 2：扬尘控制措施

1. 道路硬化与管理	道路硬化： 是□ 否□	洒水措施： 有□ 无□		
2. 边界围挡	是□ 否□	3. 易扬尘物料覆盖	是□	否□
4. 裸露地面（含土方）覆盖	是□ 否□	5. 持续洒水降尘措施	是□	否□
6. 运输车辆冲洗装置	是□		否□	
7. 其他说明				

表 3：不同施工阶段产生的噪声污染情况

1. 施工阶段	2. 施工起止时间	噪声源情况		噪声排放情况				7. 夜间施工时间（天）	8. 边界长度超过100米是否有两处以上超标
		3. 施工主要机械名称	4. 台数	5. 场界噪声值 dB（A）		6. 超标噪声值 dB（A）			
				昼间	夜间	昼间	夜间		

图 1：施工场地平面示意图

表 4：审核意见

核查意见：	环境监察机构审核意见：
经办人（签名）： 核查日期：　　年　月　日	负责人（签名）：　　单位（盖章） 审核日期：　　年　月　日

填报说明：

【表1】工程基本信息

[1. 工程项目名称、3. 施工场地面积、4. 建筑面积、18. 施工许可证号码]：按施工许可证填报。

[2. 施工场所地址]：填报建筑施工场所具体地址，明确到辖区、街道及门牌号。

[5. 工地类型]：选择建筑工地、市政工地、拆迁工地、公路施工工地、市政开挖工地填报。

[6. 开工时间、7. 计划竣工时间]：按施工许可证上的开工时间、竣工时间填报。

【表2】扬尘控制措施

根据采取的各项措施情况如实填报。

【表3】不同施工阶段施工产生的噪声污染状况

[2. 施工起止时间]：按施工方案或施工合同（协议）确定的时间填报。

[3. 施工主要机械名称]：主要填报产生噪声污染的机械。如：挖掘设备、运输车辆、桩机设备、搅拌机、浇筑设备、塔吊（卷扬机）、振动设备、木工机械、金属建材加工机械等。

[5. 场界噪声值]：对应表中施工阶段的名称由施工单位按实测或相关文件及技术资料提供的经验数据分昼夜分别填报场界噪声值。昼间为6时至22时，夜间为22时至次日6时。

[6. 超标噪声值]：填报超过规定排放限值的分贝数。

[7. 夜间施工时间]：填报该工程阶段必须进行夜间施工的总时间。

【表4】审核意见

[核查意见]：由环境监察人员核查企业基本情况后填写。

[环境监察机构审核意见]：由环境监察机构根据企业填报内容及环

境监察人员核查意见做出是否同意申报的意见并反馈给申报单位，同意申报的由申报单位按要求报送《建筑施工单位排放污染物申报表》，不同意申报的应要求申报单位重新填报相关内容。

【图 1】施工场地平面示意图

[施工场地平面示意图]：要求标明施工场地周围环境情况，标明场界准确位置及相对距离，标明准确方向、方位，标明主要参照物。噪声监测点位等其他内容可在施工开始后补充填报。

注 1：对难以监测的施工扬尘，可参照施工扬尘排污特征值系数及排污费计算方法计征排污费。

施工扬尘排污特征值系数及排污费计算方法

一、施工扬尘定义

施工扬尘是指本地区所有进行建筑工程、市政工程、拆迁工程和道桥施工工程等施工活动过程中产生的对大气造成污染的总悬浮颗粒物、可吸入颗粒物和细颗粒物等粉尘的总称。

二、制定依据

施工扬尘产生量是按照物料衡算方法，根据建筑（或施工、拆迁）面积、施工期，综合分析全国各地已出台的扬尘排放系数而制定的平均产生量。

三、施工扬尘排污费计算方法

$$\begin{matrix}\text{扬尘排}\\\text{污费(元)}\end{matrix}=\left(\begin{matrix}\text{扬尘}\\\text{产生量}\end{matrix}-\begin{matrix}\text{扬尘}\\\text{削减量}\end{matrix}\right)(\text{千克/平方米·月})\times\frac{\text{月建筑面积(或施工面积平方米)}}{\text{一般性粉尘污染当量值(千克)}}\times\begin{matrix}\text{废气每一污染当量}\\\text{征收标准(元)}\end{matrix}$$

对于建筑工地按建筑面积计算；市政工地按施工面积计算，施工面积为建设道路红线宽度乘以施工长度，其他为三倍开挖宽度乘以施工长度，市政工地分段施工时按实际施工面积计算。

施工工地必须采取道路硬化措施、边界围挡、裸露地面（含土方）覆盖、易扬尘物料覆盖、持续洒水降尘、运输车辆冲洗装置等措施，并按控制措施达标与否，扣除削减量。

各地已出台的施工扬尘排放系数，可以继续执行，也可根据当地实际出台施工扬尘排放系数。

四、施工扬尘产生、削减系数表

工地类型	扬尘产生量系数（千克/平方米·月）
建筑施工	1.01
市政（拆迁）施工	1.64

工地类型	扬尘类型	扬尘污染控制措施	扬尘排放量削减系数（千克/平方米·月） 措施达标 是	否
建筑工地	一次扬尘	道路硬化措施	0.071	0
		边界围挡	0.047	0
		裸露地面覆盖	0.047	0
		易扬尘物料覆盖	0.025	0
		定期喷洒抑制剂	0.03	0
	二次扬尘	运输车辆机械冲洗装置	0.31	0
		运输车辆简易冲洗装置	0.155	0
市政（拆迁）工地	一次扬尘	道路硬化措施	0.102	0
		边界围挡	0.102	0
		易扬尘物料覆盖	0.066	0
		定期喷洒抑制剂	0.03	0
	二次扬尘	运输车辆机械冲洗装置	0.68	0
		运输车辆简易冲洗装置	0.034	0

五、施工扬尘控制措施及达标要求

建筑工程和市政工程扬尘控制措施达标标准如下，每项控制措施的任意一项基本要求不达标，则该项控制措施视为不达标。

（一）道路硬化措施

1. 施工现场主要道路、加工区、生活办公区应做硬化处理，用作车辆通行的道路应铺设混凝土，满足车辆安全行驶要求，且无破损现象；

2. 任何时候车行道路上都不能有明显的尘土；

3. 道路清扫时都必须采取洒水措施。

（二）边界围挡

1. 围挡高度不低于1.8米，围挡下方设置不低于20厘米高的防溢座以防止粉尘流失（市政工程除外）；

2. 围挡必须是由金属、混凝土、塑料等硬质材料制作，拆迁工程在建筑拆除期间，应在建筑结构外侧设置防尘布；

3. 任意两块围挡以及围挡与防溢座的拼接处都不能有大于0.5厘米的缝隙，围挡不得有明显破损的漏洞。

（三）裸露地（含土方）覆盖

1. 每一块独立裸露地面80%以上的面积都应采取覆盖措施；

2. 覆盖措施的完好率必须在90%以上；

3. 覆盖措施包括：钢板、防尘网（布）、绿化、化学抑尘剂，或达到同等效率的覆盖措施。

（四）易扬尘物料覆盖

1. 所有砂石、灰土、灰浆等易扬尘物料都必须以不透水的隔尘布完全覆盖或放置在顶部和四周均有遮蔽的场所内；

2. 防尘布或遮蔽装置的完好率必须大于95%；

3. 小批量且在8小时之内投入使用的物料除外。

（五）定期喷洒抑制剂

施工现场应当有专人负责保洁工作，配备洒水设备，定期洒水清扫。

（六）运输车辆冲洗装置

1. 明确专人负责冲洗保洁，确保车辆不带泥出场，运输车辆驶出工地前，应对车轮、车身、车槽等部位进行清理或清洗以保证车辆清洁上路；

2. 每个大门内侧均应设置车辆冲洗台，四周应设置防溢座、排水沟，上盖钢篦，设置两级沉淀池，排水沟与沉淀池相连，沉淀池大小应满足冲洗要求；

3. 废水经二次沉淀后循环使用或用于洒水降尘，对沉淀池应定期清理污泥并规范处置；

4. 污水处理产生的污泥，应设有专门的处置系统；

5. 经过处理无法达到相关排放标准的洗车污水不得直接排入环境或市政下水系统。

注 2：对难以监测的建筑施工噪声，参照已经实行简易方式征收建筑施工超标噪声排污费的地方经验值计征排污费。

行业名称	收费特征物	建筑施工超标噪声排污费地方经验值（元/平方米・全工期）
施工工地	建筑面积（平方米）	3～5

建筑施工超标噪声排污费（元）＝建筑施工超标噪声排污费地方经验值（元/平方米・全工期）×建筑施工面积（平方米）。

各地也可根据实际情况，对全工期建筑施工超标噪声排污费按月、按季平均征收。

各类建筑项目的施工（包括房地产建筑施工、建筑物撤除施工、路桥建筑施工、水利建筑施工、工业厂房建筑施工及其他建筑项目的建筑施工）全工期超标噪声排污费均可参照执行。

附件 7

小型第三产业排放污染物申报表（试行）

（20　年度）

编号：

<table>
<tr><td>1. 单位名称（盖章）</td><td colspan="2"></td><td>2. 工商营业执照号</td><td></td></tr>
<tr><td>3. 业主（负责人）</td><td colspan="2"></td><td>4. 居民身份证号</td><td></td></tr>
<tr><td>5. 地址</td><td colspan="2"></td><td>6. 联系电话</td><td></td></tr>
<tr><td>7. 申报时段</td><td colspan="4">年　月　日至　年　月　日</td></tr>
<tr><td>8. 行业类型</td><td>9. 特征指标</td><td>10. 单位</td><td>11. 特征值</td><td rowspan="4">12. 是否交纳污水处理费
是□/否□</td></tr>
<tr><td></td><td></td><td></td><td></td></tr>
<tr><td></td><td></td><td></td><td></td></tr>
<tr><td></td><td></td><td></td><td></td></tr>
<tr><td>环境监察机构核定意见</td><td colspan="4">（环境监察机构盖章）
核定人：　　核定日期：</td></tr>
<tr><td>业主或负责人签字</td><td colspan="4">年　月　日</td></tr>
<tr><td>备注</td><td colspan="4">1. 排污者须如实申报，并出具《工商营业执照》或业主身份证件、《消防意见审核书》等技术支撑资料。
2. 餐饮业的营业面积可参照《消防意见审核书》的面积计算；其余行业的特征物按实际情况计算。
3. 小型三产业应用监测数据征收排污费的，填报《排放污染物动态申报表》相关表格作为补充报表。</td></tr>
</table>

部分小型第三产业排污特征值系数表

行业类型	特征指标（单位）		排污特征值系统	
餐饮业	营业面积（平方米）	100 以下（含 100）	污水	70/月
			废气	33/月
		100～300（含 300）	污水	150/月
			废气	66/月
		300～500（含 500）	污水	430/月
			废气	100/月
		500～1 500（含 1 500）	污水	720/月
			废气	250/月
住宿业	床位（床）		污水	3/月·床
洗染服务业（衣物类）	干洗机（台）		污水	65/月·台
	水洗机（台）		污水	37/月·台
美容美发保健业	床位（张）		污水	22/月·张
	座位（个）		污水	6/月·个
洗浴业（洗脚、洗澡）	床位（张）		污水	15/月·张
	座位（个）		污水	20/月·个
	衣柜（个）		污水	4/月·个
汽车、摩托车维修与保养业	提升机（台）		污水	85/月·台
	地沟（条）		污水	43/月·条
	水枪（支）		污水	36/月·支
摄影扩印服务业	彩扩机（台）		污水	70/月·台
独立燃烧锅炉	锅炉（蒸吨）		废气	166/月(≤2 蒸吨)
备注	1. 在餐饮行业中，废气排污特征值系统针对燃煤燃烧废气，不含油烟类污染物和使用独立燃烧锅炉产生的废气。 2. 餐饮业的营业面积可参照《消防意见审核书》的面积计算；其余行业的收费特征物按实际情况计算。 3. 排污费计算方法： (1) 污水排污费（元/月）＝污水排污特征值系数×污水每一污染当量征收标准（元） (2) 废气排污费（元/月）＝废气排污特征值系统×废气每一污染当量征收标准（元）			

附录三　延伸阅读

《环境保护税法》与《环境保护税法实施条例》条文对照

详见下表。

《环境保护税法》与《环境保护税法实施条例》条文对照

环境保护税法	环境保护税法实施条例
第一章　总　则	第一章　总　则
第一条　为了保护和改善环境，减少污染物排放，推进生态文明建设，制定本法。	**第一条**　根据《中华人民共和国环境保护税法》（以下简称环境保护税法），制定本条例。
第二条　在中华人民共和国领域和中华人民共和国管辖的其他海域，直接向环境排放应税污染物的企业事业单位和其他生产经营者为环境保护税的纳税人，应当依照本法规定缴纳环境保护税。	
第三条　本法所称应税污染物，是指本法所附《环境保护税税目税额表》、《应税污染物和当量值表》规定的大气污染物、水污染物、固体废物和噪声。	
第四条　有下列情形之一的，不属于直接向环境排放污染物，不缴纳相应污染物的环境保护税： （一）企业事业单位和其他生产经营者向依法设立的污水集中处理、生活垃圾集中处理场所排放应税污染物的； （二）企业事业单位和其他生产经营者在符合国家和地方环境保护标准的设施、场所贮存或者处置固体废物的。	

续表

第一章　总　则	第一章　总　则
第五条　依法设立的城乡污水集中处理、生活垃圾集中处理场所超过国家和地方规定的排放标准向环境排放应税污染物的，应当缴纳环境保护税。 企业事业单位和其他生产经营者贮存或者处置固体废物不符合国家和地方环境保护标准的，应当缴纳环境保护税。	**第三条**　环境保护税法第五条第一款、第十二条第一款第三项规定的城乡污水集中处理场所，是指为社会公众提供生活污水处理服务的场所，不包括为工业园区、开发区等工业聚集区域内的企业事业单位和其他生产经营者提供污水处理服务的场所，以及企业事业单位和其他生产经营者自建自用的污水处理场所。 **第四条**　达到省级人民政府确定的规模标准并且有污染物排放口的畜禽养殖场，应当依法缴纳环境保护税；依法对畜禽养殖废弃物进行综合利用和无害化处理的，不属于直接向环境排放污染物，不缴纳环境保护税。
第六条　环境保护税的税目、税额，依照本法所附《环境保护税税目税额表》执行。 应税大气污染物和水污染物的具体适用税额的确定和调整，由省、自治区、直辖市人民政府统筹考虑本地区环境承载能力、污染物排放现状和经济社会生态发展目标要求，在本法所附《环境保护税税目税额表》规定的税额幅度内提出，报同级人民代表大会常务委员会决定，并报全国人民代表大会常务委员会和国务院备案。	**第二条**　环境保护税法所附《环境保护税税目税额表》所称其他固体废物的具体范围，依照环境保护税法第六条第二款规定的程序确定。
第二章　计税依据和应纳税额	**第二章　计税依据和应纳税额**
第七条　应税污染物的计税依据，按照下列方法确定： （一）应税大气污染物按照污染物排放量折合的污染当量数确定； （二）应税水污染物按照污染物排放量折合的污染当量数确定； （三）应税固体废物按照固体废物的排放量确定； （四）应税噪声按照超过国家规定标准的分贝数确定。	**第五条**　应税固体废物的计税依据，按照固体废物的排放量确定。固体废物的排放量为当期应税固体废物的产生量减去当期应税固体废物的贮存量、处置量、综合利用量的余额。 前款规定的固体废物的贮存量、处置量，是指在符合国家和地方环境保护标准的设施、场所贮存或者处置的固体废物数量；固体废物的综合利用量，是指按照国务院发展改革、工业和信息化主管部门关于资源综合利用要求以及国家和地方环境保护标准进行综合利用的固体废物数量。

续表

第二章　计税依据和应纳税额	第二章　计税依据和应纳税额
	第六条　纳税人有下列情形之一的，以其当期应税固体废物的产生量作为固体废物的排放量： （一）非法倾倒应税固体废物； （二）进行虚假纳税申报。
第八条　应税大气污染物、水污染物的污染当量数，以该污染物的排放量除以该污染物的污染当量值计算。每种应税大气污染物、水污染物的具体污染当量值，依照本法所附《应税污染物和当量值表》执行。	
第九条　每一排放口或者没有排放口的应税大气污染物，按照污染当量数从大到小排序，对前三项污染物征收环境保护税。 每一排放口的应税水污染物，按照本法所附《应税污染物和当量值表》，区分第一类水污染物和其他类水污染物，按照污染当量数从大到小排序，对第一类水污染物按照前五项征收环境保护税，对其他类水污染物按照前三项征收环境保护税。 省、自治区、直辖市人民政府根据本地区污染物减排的特殊需要，可以增加同一排放口征收环境保护税的应税污染物项目数，报同级人民代表大会常务委员会决定，并报全国人民代表大会常务委员会和国务院。	**第八条**　从两个以上排放口排放应税污染物的，对每一排放口排放的应税污染物分别计算征收环境保护税；纳税人持有排污许可证的，其污染物排放口按照排污许可证载明的污染物排放口确定。
第十条　应税大气污染物、水污染物、固体废物的排放量和噪声的分贝数，按照下列方法和顺序计算： （一）纳税人安装使用符合国家规定和监测规范的污染物自动监测设备的，按照污染物自动监测数据计算； （二）纳税人未安装使用污染物自动监测设备的，按照监测机构出具的符合国家有关规定和监测规范的监测数据计算； （三）因排放污染物种类多等原因不具备监测条件的，按照国务院环境保护主管部门规定的排污系数、物料衡算方法计算； （四）不能按照本条第一项至第三项规定的方法计算的，按照省、自治区、直辖市人民政府环境保护主管部门规定的抽样测算的方法核定计算。	**第七条**　应税大气污染物、水污染物的计税依据，按照污染物排放量折合的污染当量数确定。 纳税人有下列情形之一的，以其当期应税大气污染物、水污染物的产生量作为污染物的排放量： （一）未依法安装使用污染物自动监测设备或者未将污染物自动监测设备与环境保护主管部门的监控设备联网； （二）损毁或者擅自移动、改变污染物自动监测设备； （三）篡改、伪造污染物监测数据； （四）通过暗管、渗井、渗坑、灌注或者稀释排放以及不正常运行防治污染设施等方式违法排放应税污染物； （五）进行虚假纳税申报。

续表

第二章　计税依据和应纳税额	第二章　计税依据和应纳税额
	第九条　属于环境保护税法第十条第二项规定情形的纳税人，自行对污染物进行监测所获取的监测数据，符合国家有关规定和监测规范的，视同环境保护税法第十条第二项规定的监测机构出具的监测数据。
第十一条　环境保护税应纳税额按照下列方法计算： （一）应税大气污染物的应纳税额为污染当量数乘以具体适用税额； （二）应税水污染物的应纳税额为污染当量数乘以具体适用税额； （三）应税固体废物的应纳税额为固体废物排放量乘以具体适用税额； （四）应税噪声的应纳税额为超过国家规定标准的分贝数对应的具体适用税额。	
第三章　税收减免	**第三章　税收减免**
第十二条　下列情形，暂予免征环境保护税： （一）农业生产（不包括规模化养殖）排放应税污染物的； （二）机动车、铁路机车、非道路移动机械、船舶和航空器等流动污染源排放应税污染物的； （三）依法设立的城乡污水集中处理、生活垃圾集中处理场所排放相应应税污染物，不超过国家和地方规定的排放标准的； （四）纳税人综合利用的固体废物，符合国家和地方环境保护标准的； （五）国务院批准免税的其他情形。 前款第五项免税规定，由国务院报全国人民代表大会常务委员会备案。	

续表

<table>
<tr><th>第三章　税收减免</th><th>第三章　税收减免</th></tr>
<tr><td rowspan="2">第十三条　纳税人排放应税大气污染物或者水污染物的浓度值低于国家和地方规定的污染物排放标准百分之三十的，减按百分之七十五征收环境保护税。纳税人排放应税大气污染物或者水污染物的浓度值低于国家和地方规定的污染物排放标准百分之五十的，减按百分之五十征收环境保护税。</td><td>第十条　环境保护税法第十三条所称应税大气污染物或者水污染物的浓度值，是指纳税人安装使用的污染物自动监测设备当月自动监测的应税大气污染物浓度值的小时平均值再平均所得数值或者应税水污染物浓度值的日平均值再平均所得数值，或者监测机构当月监测的应税大气污染物、水污染物浓度值的平均值。
依照环境保护税法第十三条的规定减征环境保护税的，前款规定的应税大气污染物浓度值的小时平均值或者应税水污染物浓度值的日平均值，以及监测机构当月每次监测的应税大气污染物、水污染物的浓度值，均不得超过国家和地方规定的污染物排放标准。</td></tr>
<tr><td>第十一条　依照环境保护税法第十三条的规定减征环境保护税的，应当对每一排放口排放的不同应税污染物分别计算。</td></tr>
<tr><th>第四章　征收管理</th><th>第四章　征收管理</th></tr>
<tr><td rowspan="2">第十四条　环境保护税由税务机关依照《中华人民共和国税收征收管理法》和本法的有关规定征收管理。
环境保护主管部门依照本法和有关环境保护法律法规的规定负责对污染物的监测管理。
县级以上地方人民政府应当建立税务机关、环境保护主管部门和其他相关单位分工协作工作机制，加强环境保护税征收管理，保障税款及时足额入库。</td><td>第十二条　税务机关依法履行环境保护税纳税申报受理、涉税信息比对、组织税款入库等职责。
环境保护主管部门依法负责应税污染物监测管理，制定和完善污染物监测规范。</td></tr>
<tr><td>第十三条　县级以上地方人民政府应当加强对环境保护税征收管理工作的领导，及时协调、解决环境保护税征收管理工作中的重大问题。</td></tr>
<tr><td rowspan="2">第十五条　环境保护主管部门和税务机关应当建立涉税信息共享平台和工作配合机制。
环境保护主管部门应当将排污单位的排污许可、污染物排放数据、环境违法和受行政处罚情况等环境保护相关信息，定期交送税务机关。
税务机关应当将纳税人的纳税申报、税款入库、减免税额、欠缴税款以及风险疑点等环境保护税涉税信息，定期交送环境保护主管部门。</td><td>第十四条　国务院税务、环境保护主管部门制定涉税信息共享平台技术标准以及数据采集、存储、传输、查询和使用规范。</td></tr>
<tr><td>第十五条　环境保护主管部门应当通过涉税信息共享平台向税务机关交送在环境保护监督管理中获取的下列信息：
（一）排污单位的名称、统一社会信用代码以及污染物排放口、排放污染物种类等基本信息；</td></tr>
</table>

续表

第四章　征收管理	第四章　征收管理
	（二）排污单位的污染物排放数据（包括污染物排放量以及大气污染物、水污染物的浓度值等数据）； （三）排污单位环境违法和受行政处罚情况； （四）对税务机关提请复核的纳税人的纳税申报数据资料异常或者纳税人未按照规定期限办理纳税申报的复核意见； （五）与税务机关商定交送的其他信息。
	第十六条　税务机关应当通过涉税信息共享平台向环境保护主管部门交送下列环境保护税涉税信息： （一）纳税人基本信息； （二）纳税申报信息； （三）税款入库、减免税额、欠缴税款以及风险疑点等信息； （四）纳税人涉税违法和受行政处罚情况； （五）纳税人的纳税申报数据资料异常或者纳税人未按照规定期限办理纳税申报的信息； （六）与环境保护主管部门商定交送的其他信息。
	第十九条　税务机关应当依据环境保护主管部门交送的排污单位信息进行纳税人识别。 在环境保护主管部门交送的排污单位信息中没有对应信息的纳税人，由税务机关在纳税人首次办理环境保护税纳税申报时进行纳税人识别，并将相关信息交送环境保护主管部门。
第十六条　纳税义务发生时间为纳税人排放应税污染物的当日。	

续表

第四章　征收管理	第四章　征收管理
第十七条　纳税人应当向应税污染物排放地的税务机关申报缴纳环境保护税。	**第十七条**　环境保护税法第十七条所称应税污染物排放地是指： （一）应税大气污染物、水污染物排放口所在地； （二）应税固体废物产生地； （三）应税噪声产生地。
	第十八条　纳税人跨区域排放应税污染物，税务机关对税收征收管辖有争议的，由争议各方按照有利于征收管理的原则协商解决；不能协商一致的，报请共同的上级税务机关决定。
第十八条　环境保护税按月计算，按季申报缴纳。不能按固定期限计算缴纳的，可以按次申报缴纳。 纳税人申报缴纳时，应当向税务机关报送所排放应税污染物的种类、数量，大气污染物、水污染物的浓度值，以及税务机关根据实际需要要求纳税人报送的其他纳税资料。	**第二十条**　环境保护主管部门发现纳税人申报的应税污染物排放信息或者适用的排污系数、物料衡算方法有误的，应当通知税务机关处理。
第十九条　纳税人按季申报缴纳的，应当自季度终了之日起十五日内，向税务机关办理纳税申报并缴纳税款。纳税人按次申报缴纳的，应当自纳税义务发生之日起十五日内，向税务机关办理纳税申报并缴纳税款。 纳税人应当依法如实办理纳税申报，对申报的真实性和完整性承担责任。	
第二十条　税务机关应当将纳税人的纳税申报数据资料与环境保护主管部门交送的相关数据资料进行比对。 税务机关发现纳税人的纳税申报数据资料异常或者纳税人未按照规定期限办理纳税申报的，可以提请环境保护主管部门进行复核，环境保护主管部门应当自收到税务机关的数据资料之日起十五日内向税务机关出具复核意见。税务机关应当按照环境保护主管部门复核的数据资料调整纳税人的应纳税额。	**第二十一条**　纳税人申报的污染物排放数据与环境保护主管部门交送的相关数据不一致的，按照环境保护主管部门交送的数据确定应税污染物的计税依据。 **第二十二条**　环境保护税法第二十条第二款所称纳税人的纳税申报数据资料异常，包括但不限于下列情形： （一）纳税人当期申报的应税污染物排放量与上一年同期相比明显偏低，且无正当理由； （二）纳税人单位产品污染物排放量与同类型纳税人相比明显偏低，且无正当理由。

续表

第四章　征收管理	第四章　征收管理
第二十一条　依照本法第十条第四项的规定核定计算污染物排放量的，由税务机关会同环境保护主管部门核定污染物排放种类、数量和应纳税额。	**第二十三条**　税务机关、环境保护主管部门应当无偿为纳税人提供与缴纳环境保护税有关的辅导、培训和咨询服务。
第二十二条　纳税人从事海洋工程向中华人民共和国管辖海域排放应税大气污染物、水污染物或者固体废物，申报缴纳环境保护税的具体办法，由国务院税务主管部门会同国务院海洋主管部门规定。	**第二十四条**　税务机关依法实施环境保护税的税务检查，环境保护主管部门予以配合。 **第二十五条**　纳税人应当按照税收征收管理的有关规定，妥善保管应税污染物监测和管理的有关资料。
第二十三条　纳税人和税务机关、环境保护主管部门及其工作人员违反本法规定的，依照《中华人民共和国税收征收管理法》、《中华人民共和国环境保护法》和有关法律法规的规定追究法律责任。	
第二十四条　各级人民政府应当鼓励纳税人加大环境保护建设投入，对纳税人用于污染物自动监测设备的投资予以资金和政策支持。	
第五章　附　则	**第五章　附　则**
第二十五条　本法下列用语的含义： （一）污染当量，是指根据污染物或者污染排放活动对环境的有害程度以及处理的技术经济性，衡量不同污染物对环境污染的综合性指标或者计量单位。同一介质相同污染当量的不同污染物，其污染程度基本相当。 （二）排污系数，是指在正常技术经济和管理条件下，生产单位产品所应排放的污染物量的统计平均值。 （三）物料衡算，是指根据物质质量守恒原理对生产过程中使用的原料、生产的产品和产生的废物等进行测算的一种方法。	
第二十六条　直接向环境排放应税污染物的企业事业单位和其他生产经营者，除依照本法规定缴纳环境保护税外，应当对所造成的损害依法承担责任。	

续表

第五章　附　则	第五章　附　则
第二十七条　自本法施行之日起，依照本法规定征收环境保护税，不再征收排污费。	**第二十六条**　本条例自 2018 年 1 月 1 日起施行。2003 年 1 月 2 日国务院公布的《排污费征收使用管理条例》同时废止。
第二十八条　本法自 2018 年 1 月 1 日起施行。	

《排污许可管理办法（试行）》解读

环境保护部近日印发《排污许可管理办法（试行）》（以下简称《管理办法》），规定了排污许可证核发程序等内容，细化了环保部门、排污单位和第三方机构的法律责任，为改革完善排污许可制迈出了坚实的一步。

作为落实《国务院办公厅关于印发控制污染物排放许可制实施方案的通知》（国办发〔2016〕81 号），实施排污许可制度的重要基础性文件，《管理办法》明确了排污者责任，强调守法激励、违法惩戒。为强化落实排污者责任，《管理办法》规定了企业承诺、自行监测、台账记录、执行报告、信息公开等五项制度。企业承诺并对申请材料真实性、完整性、合法性负责是企业取得排污许可证的重要前提，自行监测、台账记录、执行报告制度是排污单位自行判定达标、及时发现运行过程中的环保问题以及核算实际排放量的重要基础，是企业自证守法的主要依据，同时也是环保部门核查企业达标排放、判定企业按证排污的重要检查内容和执法依据。信息公开制度是强化企业持证依证排污意识，引导舆论监督，形成共同监督氛围的基础和重要手段。

《管理办法》是对《排污许可证管理暂行规定》的延续、深化和完善。《管理办法》在结构和思路上与环境保护部已发布的《排污许可证管理暂行规定》(环水体〔2016〕186 号) 保持一致，内容上进一步细化和强化。同时根据部门规章的立法权限，结合火电、造纸行业排污许可制实施中的突出问题，对排污许可证申请、核发、执行、监管全过程的相关规定进行完善，并进一步提高可操作性。

《管理办法》是排污许可证申请与核发主要依据。《管理办法》规定了排污许可证核发程序，明确排污许可证申请、审核、发放的完整周期以及变更、延续、撤销、注销、遗失补办等各种情形，规范企业需要提供的材料、应当公开的信息，环保部门受理的程序、审核的要求、发证的规定以及可行技术在申请与核发中的应用等内容。

《管理办法》强调技术支持。《管理办法》明确环境保护部负责制定排污许可证申请与核发技术规范、环境管理台账及排污许可证执行报告技术规范、排污单位自行监测技术指南、污染防治可行技术指南等相关技术规范。同时明确环境保护主管部门可通过政府购买服务的方式，组织或者委托技术机构提供排污许可管理的技术支持。

《管理办法》明确依证严格监管执法。监管执法部门应制定排污许可执法计划，明确执法重点和频次；执法中应对照排污许可证许可事项，按照污染物实际排放量的计算原则，通过核查台账记录、在线监测数据及其他监控手段或执法监测等，检查企业落实排污许可证相关要求的情况。同时规定，排污单位发生异常情况时如果及时报告，且主动采取措施消除或者减轻违法行为危害后果的，应依法从轻处罚；

《管理办法》细化了环保部门、排污单位和第三方机构的法律责任。在现有法律框架下细化规定了排污单位、环保部门、技术机构的法律责任和处罚内容。细化规定了无证排污、违证排污、材料弄虚作假、自行监测违法、未依法公开环境信息等违反规定的情形，根据相关法律明确了对违法行为的处罚规定。

排污单位须对自动监测数据质量负责

——环保部环境监测司负责人就修订《固定污染源烟气排放连续监测技术规范（试行）》（HJ/T 75—2007）相关问题回答记者提问

环保部环境监测司负责人指出，随着排污许可制和排污费改税的推进，排污单位需要说明自身的排污情况，并对自动监测数据质量负责。

环境保护部近日印发《固定污染源烟气（SO_2、NO_X、颗粒物）排放连续监测技术规范》（HJ 75—2017）国家环境保护标准，环境监测司负责人就相关问题回答了记者提问。

问：为什么要修订《固定污染源烟气排放连续监测技术规范（试行）》（HJ/T 75—2007）？

答：污染源在线监测是污染源排放实时动态监控的有效技术手段，为环境管理和环境执法提供依据，对提高环境监测的效率，提升环保监控的现代化水平，具有重要意义。现行的 HJ/T 75—2007 标准无法完全支持现阶段的环境管理，亟须修订，主要表现在以下几个方面：

一是 2016 年 1 月 1 日起正式实施的《中华人民共和国大气污染防治法》明确规定“重点排污单位应当安装、使用大气污染物排放自动监测设备，与环境保护主管部门的监控设备联网，保证监测设备正常运行并依法公开排放信息”“重点排污单位应当对自动监测数据的真实性和准确性负责”，排污单位自行监测的责任主体更加明确，对在线监测设备的验收和管理提出了新的要求。

二是随着排污许可制和排污费改税的推进，排污单位需要说明自身的排污情况，并对自动监测数据质量负责。

三是由于环境管理要求的逐步加严和废气污染治理技术的迅速发展，现行的 HJ/T 75—2007 标准对自动监测设备的技术指标要求已经难以满足需要。

四是根据中办、国办印发的《关于深化环境监测改革提高环境监测数据质量的意见》要求，取消环保部门负责的有效性审核，改由排污单位对自动监测数据质量负责，因此需要对现行标准中与之不相适应的条款进行修订。

问：新发布的 HJ 75 标准较之前主要修改了哪些内容?

答：HJ 75 标准的修订主要包括以下几个方面：

一是细化了在线监测设备安装要求，规范了安装位置，对无法满足安装位置要求的现有污染源提出了解决方案；细化采样平台要求，明确了采样平台长度、宽度、到达方式以及必要的安全防范措施。

二是细化调试检测要求，增加了含湿量测定相关要求，修订了相关技术指标。

三是删除了要求环保部门对在线监测设备进行验收的表述，收严了技术验收指标要求，尤其是大幅收严了低浓度颗粒物的技术指标要求以满足超低排放的需要；增加了对湿度监测单元的技术指标要求。

四是明确了定期巡检和维护要求，提高巡检和定期维护频次，同时在经济技术可行的范围内增加了校准和校验的频次，使烟气排放连续监测系统保持在较好的运行状态，删除环保部门进行有效性审核和定期比对的相关要求。

五是修订了数据审核和处理要求，明确数据无效时间段的概念以及对数据无效时间段二氧化硫、氮氧化物和颗粒物排放量的补遗、修约方法。

六是补充完善了方法附录，对烟气排放连续监测系统的调试、验收、巡检、维护等给出可供参考的记录范式。

问： HJ 75 标准的修订对今后的环境管理工作有哪些意义？

答： 修订后 HJ 75 标准的实施明确了企业对自动监测设备和自动监测数据的主体责任，对于支撑污染物排放许可制度的实施，服务固定污染源排污税费改革、污染源排放全面达标计划具有重要的意义，有利于规范排污单位自动监测行为，提升自动监测设备从安装、调试、验收、运行维护全过程管理水平，促进固定污染源排放监管发展，从而为环境质量改善奠定基础，具有明显的环境效益。

后　记

回顾环境保护税立法和征管准备工作中的日日夜夜，作为参与环境保护税立法的一员，我既倍感荣幸，也觉得压力很大。进入一个全新的工作领域，着实诚惶诚恐，生怕能力不够影响环境保护税立法质量。在财产和行为税司各位领导的鼓励下，在各位同事的支持下，我在学中干、干中学，较快地进入了角色，从一名财务税收干部“跨界”转变为环保专业干部。

难忘参加《环境保护税法》立法前的专题研究工作。在供给侧结构性改革和振兴实体经济的大背景下，在国务院审议中，李克强总理非常关心是否增加纳税人负担等问题，我参与了其中的调研，及时回应了总理的担心。

难忘《环境保护税法》通过的 2016 年 12 月 25 日。第十二届全国人大常委第二十五次会议二审通过，那一天的北京雾霾严重，只有更严格的环境保护制度才能驱散这些雾霾，减少污染物排放，更好地保护和改善生态环境。

难忘《环境保护税法实施条例》通过的 2017 年 12 月 25 日。在 2017 年环境保护税征管准备工作中，国务院法制办、财政部、国家税务总局、环境保护部等部门，共同着手《环境保护税法实施条例》的起草工作，各部门从促进《环境保护税法》落地的角度出发，讲政治、顾大局，顺利完成了《环境保护税法实施条例》的立法工作，为环境保护税征管进一步奠定了基础。

在本书的撰写过程中，环境保护税征管准备工作小组的邢国强、刘建、魏大程、李波涛、李杰、靳坤、荣宁升、冯胜辉、李佳等同事给予了很大的帮助，李波涛同志在繁忙的工作之余，更是毫无保留地帮忙搜集基础资料，并逐字审阅了全部书稿。

本书的顺利出版，得到了中国市场出版社胡超平、钱伟、辛慧蓉等老师的大力支持，在此表示衷心的感谢。

最后，还要感谢我的爱人吕新新女士和我的家人。这些书稿都是在业余时间写成的，使得本来就经常工作的很晚才能回家的我更加的忙碌，回到家时孩子经常已经入睡，陪伴孩子成长成为一种奢望。是他们承担了生活的重担，使我的工作和写作没有了后顾之忧。